O Dever de Revelação como Problema de Independência e Imparcialidade dos Árbitros

O Dever de Revelação como Problema de Independência e Imparcialidade dos Árbitros

2018

Daniela Vicente de Almeida

O DEVER DE REVELAÇÃO COMO PROBLEMA DE INDEPENDÊNCIA
E IMPARCIALIDADE DOS ÁRBITROS
AUTOR
Daniela Vicente de Almeida
EDITOR
EDIÇÕES ALMEDINA, S.A.
Rua Fernandes Tomás, n.ᵒˢ 76, 78 e 80
3000-167 Coimbra
Tel.: 239 851 904 · Fax: 239 851 901
www.almedina.net · editora@almedina.net
DESIGN DE CAPA
FBA.
PRÉ-IMPRESSÃO
João Félix – Artes Gráficas
IMPRESSÃO E ACABAMENTO

Novembro, 2018
DEPÓSITO LEGAL
....

Os dados e as opiniões inseridos na presente publicação são da
exclusiva responsabilidade do(s) seu(s) autor(es).
Toda a reprodução desta obra, por fotocópia ou outro qualquer
processo, sem prévia autorização escrita do Editor, é ilícita e
passível de procedimento judicial contra o infrator.

 GRUPOALMEDINA

Biblioteca Nacional de Portugal – Catalogação na Publicação

ALMEIDA, Daniela Vicente de

O dever de revelação como problema de independência e
imparcialidade dos árbitros – (Ideias jurídicas)
ISBN 978-972-40-7715-4

CDU   347

Ao Tó e à avó.

À minha mãe.

Ao Toená-no,

A minha mãe.

NOTA PRÉVIA

A obra que agora se publica corresponde, no essencial, à dissertação de mestrado por mim apresentada na Faculdade de Direito da Universidade Nova de Lisboa, no âmbito do Mestrado de Forense & Arbitragem, e discutida em provas públicas no dia 4 de junho de 2018 perante o júri constituído pela Professora Doutora Mariana França Gouveia, pelo Professor Doutor António Pedro Pinto Monteiro e pelo Doutor Artur Flamínio da Silva.

Considerando a natureza académica do trabalho optei apenas por introduzir algumas modificações no texto originário, bem como corrigir pequenos lapsos.

Não poderia deixar passar esta oportunidade para agradecer publicamente o contributo de todos aqueles que se revelaram essenciais para que conseguisse concluir esta etapa com sucesso. As minhas primeiras palavras de gratidão endereço-as ao meu orientador, Doutor Artur Flamínio da Silva, a quem expresso o meu profundo agradecimento pela total dedicação e apoio ao longo da elaboração desta dissertação. Não só reconheço a confiança que em mim depositou, como também o sentido de responsabilidade que me incutiu desde o início.

Gostaria também de deixar uma palavra de profundo apreço e reconhecimento aos demais membros do júri por toda a consideração pelo meu trabalho, cujas observações e críticas foram fundamentais.

À Daniela Mirante agradeço a atenção e disponibilidade constante.

Aos meus pais, à Gi e ao Pê, espero que a vida me permita retribuir-vos todo o apoio e amor incondicional.

Por fim, consciente de que se tem vindo a tornar cada vez menos comum a aposta em jovens autores, agradeço também à Editora Almedina a confiança depositada no meu trabalho.

A autora,
DANIELA VICENTE DE ALMEIDA

PREFÁCIO

A arbitragem é um dos objetos de estudo mais aliciantes no séc. XXI. Com efeito, não haverá área do Direito onde a globalização tenha tido maior impacto do que no Direito que se ocupa do domínio da arbitragem internacional. A complexidade que deriva do respetivo contexto transnacional, desde logo pela existência de uma pluralidade de fontes e de jurisdições que conflituam, manifesta-se num desafio jurídico muito estimulante para o jurista, mas igualmente complexo na procura de solução para os problemas que, em concreto, a prática vai reclamando.

Sem esquecer o foco transnacional que, de uma forma quase originária, a acompanha, a verdade é que a arbitragem também já deixou de poder ser ignorada num plano nacional, nomeadamente em áreas tão diversas como o Direito Fiscal, o Direito Administrativo, a propriedade industrial ou mesmo o Direito do Consumo, revelando inúmeros casos em que a sua implementação assume um caso de sucesso.

Num país como Portugal – globalmente "amigo da arbitragem" –, não se podem deixar de registar algumas vozes críticas, muitas vezes sem razão e por puro desconhecimento da realidade arbitral, que rejeitam *a priori* este mecanismo de resolução de conflitos alternativo aos tribunais estaduais. Talvez por esse mesmo motivo a escolha de um tema relacionado com o estatuto dos árbitros (os seus direitos e deveres), não só pela sua sensibilidade e pelo respetivo impacto social, é tão acertada.

Na verdade, um dos deveres dos árbitros, o de independência e imparcialidade, é comummente alvo de constantes críticas, discutindo-se se a arbitragem é passível (ou não) de atingir os níveis de credibilidade indispensáveis num Estado de Direito. Nem sempre é fácil, principalmente para quem desconhece a realidade arbitral, perceber que "um dos "mistérios" da arbitragem estará precisamente em que um árbitro unilateralmente designado passa a ser árbitro das duas partes, em inteiro pé de igualdade"[1].

É certo que o alargamento da arbitragem a domínios que eram outrora impensáveis possa ter tido como efeito uma perceção errada da seriedade deste mecanismo na sociedade. Não se pode ignorar, por exemplo, que, muito recentemente, entre nós, o tema da independência e imparcialidade dos árbitros e, em particular, do dever de revelação, tornou-se polémico

---

[1] Nas felizes palavras de MÁRIO RAPOSO, "O estatuto dos árbitros", *in Revista da Ordem dos Advogados*, Vol. II (2007), pp. 529 e ss.

PREFÁCIO

no sector da arbitragem desportiva, designadamente naquela que se desenvolve junto do Tribunal Arbitral do Desporto[2]. A Mestre Daniela Vicente de Almeida não ficou alheia a esta polémica, que, na sua qualidade de jurista, muito lhe interessou. Inicialmente, o foco do trabalho que a autora apresenta agora aos leitores foi pensado para abranger somente aquela realidade da arbitragem desportiva. É, em todo o caso, sabido que, por vezes, a investigação ganha uma vida própria e acaba por caminhar por trilhos que nem eram sequer pensados na arquitetura inicial do trabalho. Assim sucedeu no presente estudo.

Cedo percebi que a Mestre Daniela Vicente de Almeida teria todas as condições para elaborar um estudo que pudesse ser transversal a todos os domínios da arbitragem, tal como acabou por acontecer. Com muita coragem e alguma inquietude que deveria ser inata a qualquer mestrando, a autora discutiu os problemas essenciais do dever de revelação no ordenamento jurídico português com audácia. O espírito de liberdade que deve conduzir a alma da Academia permitiu que a autora pudesse dar um contributo real para a seriedade da arbitragem no nosso ordenamento.

---

[2] Sobre as críticas relativamente à falta de credibilidade da arbitragem como mecanismo de resolução de conflitos no Desporto, ARTUR FLAMÍNIO DA SILVA, *A Resolução de Conflitos Desportivos em Portugal: Entre o Direito Público e o Direito Privado*, Coimbra, Almedina, 2017, pp. 369 e ss.

O DEVER DE REVELAÇÃO COMO PROBLEMA DE INDEPENDÊNCIA [...]

A generalizada credibilização do instituto passa, a meu ver, por discutir os fenómenos que desvirtuam a regra, cabendo ao intérprete estudar os efeitos perversos da inexistência da revelação de factos que possam levar a uma perceção, desde logo, perante as partes, mas, acima de tudo, para a sociedade em geral, de que um dos árbitros possa apresentar ligações que coloquem em causa o seu estatuto de independência e imparcialidade. Não é, portanto, de estranhar que este estudo se insira num contexto muito diferente daquele que, em regra, rodeia a crítica pouco construtiva dirigida à arbitragem. De facto, a autora promove o debate, discutindo potenciais soluções para problemas práticos evidentes, mas que nem sempre são considerados.

Por outro lado, sendo a igualdade das partes na arbitragem um princípio fundamental[3], parece ser necessário reconhecer que o dever legal de revelação previsto no artigo 13.º, n.º 1, da Lei da Arbitragem Voluntária[4] é um dos mecanismos indispensáveis para que o Estado possa reconhecer e admitir o cumprimento dos princípios básicos inerentes ao exercício da função jurisdicional[5], permitindo, num primeiro

---

[3] No que concerne a este princípio, cfr. ANTÓNIO PEDRO PINTO MONTEIRO, *O Princípio da Igualdade e a Pluralidades de Partes na Arbitragem*, Coimbra, Almedina, 2017, pp. 97 e ss.

[4] Lei n.º 63/2011, de 14 de Dezembro.

[5] Realçando a seriedade na arbitragem como elemento essencial para a validação do exercício privado da função jurisdicional, v. MARIANA FRANÇA GOUVEIA, *Curso de Resolução Alternativa de Litígios*, 2.ª Edição, Coimbra, Almedina, 2012, p. 239, nota 375.

PREFÁCIO

momento, um escrutínio das partes das eventuais ligações ou circunstancialismos que possam colocar dúvidas evidentes sobre a independência ou imparcialidade dos árbitros. Foi nas mais diversas circunstâncias e situações que possam dar lugar a dúvidas sobre a independência ou imparcialidade do decisor que a autora se centrou, explorando, com detalhe e com exemplos práticos, os casos mais problemáticos.

Enquanto orientador do estudo que deu origem à presente obra, devo adiantar que, desde o primeiro momento em que a Mestre Daniela Vicente de Almeida optou pela escrita de um texto científico no domínio da arbitragem, não tive dúvidas em acreditar na qualidade do seu trabalho, restando-me apoiar e incentivar o tratamento pioneiro, pelo menos de um modo tão desenvolvido, da questão jurídica envolvendo o dever de revelação na arbitragem.

Senti, por outro lado, que a confiança que a autora depositou no meu compromisso como orientador – sendo, inclusivamente, esta a minha primeira orientação – me levou a que nunca deixasse de me empenhar, mesmo nas fases mais complicadas em termos de disponibilidade de tempo, a suscitar a dúvida, esse elemento perturbador, mas absolutamente indispensável na liberdade de pensar.

Acabei, por outro lado, por perspetivar também uma sensação de dever cumprido, quando da árdua dedicação da autora resultou a dissertação de mestrado discutida na Faculdade de Direito da Universidade Nova de Lisboa, defendida com muito sucesso e vigor, a qual se assume como um texto que conta com ideias muito próprias, com as quais podemos e devemos obviamente discordar, mas que terei a certeza de que não as podemos ignorar.

Com efeito, quer a qualidade crítica do texto, bem como o tratamento exaustivo de fontes são algumas das mais-valias que encontramos num trabalho que, com as metas temporais e de dimensões próprias de uma dissertação de mestrado, em muito orgulharão, decerto, a sua autora.

Neste sentido, espero vivamente que a monografia que se dá à estampa tenha o sucesso equivalente ao esforço que a autora depositou na elaboração da mesma. Aguardo, assim, que a Mestre Daniela Vicente de Almeida tome, a breve trecho, a decisão de continuar o seu percurso académico e de investigação no âmbito de um curso de Doutoramento, podendo, da minha parte, sempre contar com o meu apoio incondicional em semelhante "aventura".

Uma última palavra merece também a Editora Almedina. Na verdade, num período em que é cada vez mais difícil publicar as obras de novos autores, não pode deixar de reconhecer-se que esta aposta na publicação da obra da Mestre Daniela Vicente de Almeida é de louvar, assumindo-se como plenamente acertada e justificada.

ARTUR FLAMÍNIO DA SILVA
Doutor em Direito
Investigador do CEDIS-FDUNL
Árbitro que integra a lista do CAAD

MODO DE CITAR

I. Nas notas de rodapé optámos por identificar as referências bibliográficas citadas em termos abreviados, razão pela qual apenas se faz referência ao autor, ao título da obra, em itálico, ao respetivo ano e página(s) onde se encontra expressada a ideia. Os artigos constantes de publicações periódicas também serão identificados pelo nome do autor e respetivo título da obra, entre aspas, seguido do ano da publicação e, por fim, da indicação da(s) página(s) especificamente citadas. Na segunda citação e seguintes, os elementos referidos na primeira citação serão apenas apresentados através do nome do autor, seguido das abreviaturas «*Ob. cit.*» e da indicação da(s) respetiva(s) página(s).

II. A sequência das referências bibliográficas constantes na mesma nota de rodapé obedece, em regra, ao critério cronológico, não se fazendo qualquer distinção entre bibliografia nacional e estrangeira. Na hipótese de as obras apresentarem o mesmo

O DEVER DE REVELAÇÃO COMO PROBLEMA DE INDEPENDÊNCIA [...]

ano de publicação, os autores serão citados por ordem alfabética.

III. Na bibliografia final, as monografias e as publicações periódicas serão identificadas através do nome completo do autor, seguido do título da obra, do respetivo volume, do ano e número de edição, da editora e, por fim, do local e data de publicação. Relativamente à referência das publicações periódicas, será também identificado o título da publicação onde se insere a obra citada logo após o título da obra. A forma de apresentação do nome do autor dependerá da sua nacionalidade. Todos os autores serão citados pelo seu apelido, ordenado alfabeticamente, com exceção dos autores espanhóis que serão, em regra, citados pelos dois últimos nomes. Se for referida mais do que uma obra do mesmo autor, o modo de apresentação obedece ao critério cronológico.

IV. Tratando-se de documentos *online*, para além da indicação expressa do título completo do artigo, citar-se-á o site de onde o documento foi retirado.

V. Em todos os demais casos em que os textos citados sejam da autoria de mais do que dois autores, os mesmos textos são referidos mediante a indicação do autor que tenha sido indicado em primeiro lugar aquando da sua publicação. Na bibliografia final são indicados todos os coautores dos textos em causa.

VI. Os acórdãos nacionais serão apresentados através do número do processo, seguido da identificação do tribunal e, por fim, da data. Excetuam-se os casos de jurisprudência internacional, que serão identificados exclusivamente pelo tribunal e pela data. Na lista de jurisprudência final, serão também apresentados os sites onde os acórdãos foram consultados.

VII. As transcrições de obras feitas ao longo deste trabalho serão apresentadas em itálico de modo a que se destaquem do restante texto.

VIII. As abreviaturas utilizadas são as de uso corrente, conforme se encontram apresentadas nas páginas seguintes.

LISTA DE ABREVIATURAS

AAA – American Arbitration Association

ABA – American Bar Association

Ac. – Acórdão

al. (ou als.) – alínea (ou alíneas)

APA – Associação Portuguesa de Arbitragem

art. (ou arts.) – artigo (ou artigos)

CAAD – Centro de Arbitragem Administrativa

CAC – Centro de Arbitragem Comercial da Câmara de Comércio e Indústria Portuguesa

CC – Código Civil

CCI – Câmara do Comércio Internacional de Paris

CDA – Código Deontológico do Árbitro

CEACD – The Code of Ethics for Arbitration in Commercial Disputes

CEDH – Convenção Europeia dos Direitos do Homem

CFR.	Confronte-se
CNI	Convenção de Nova Iorque (Convenção sobre o reconhecimento e a execução de sentenças arbitrais estrangeiras, celebrada em Nova Iorque em 10 de Junho de 1958)
CPC	Código de Processo Civil
CPTA	Código de Processo nos Tribunais Administrativos
CRP	Constituição da República Portuguesa
CSM	Conselho Superior da Magistratura
DL	Decreto-Lei
EMJ	Estatuto dos Magistrados Judiciais (Lei 21/85, de 30 de julho)
ETC.	Entre outros
ET. AL.	E outros
IAC	Instituto de Arbitragem Comercial do Porto
IBA	International Bar Association
IBA Guidelines	IBA Guidelines on Conflicts of Interest in International Arbitration
Ibidem	No mesmo lugar
ICC	International Chamber of Commerce
ICSID	The International Centre for Settlement of Investment Disputes

LISTA DE ABREVIATURAS

LAV – Lei da Arbitragem Voluntária (Lei n.º 63/2011, de 14 de dezembro)

LCIA – The London Court of International Arbitration

LTAD – Novo regime jurídico do Tribunal Arbitral do Desporto (Lei n.º 33/2014, de 16 de junho)

n.º (ou n.ᵒˢ) – número (ou números)

Ob. cit. – Obra citada

p. (ou pp.) – Página (ou Páginas)

RAL – Resolução Alternativa de Litígios

ROA – Revista da Ordem dos Advogados

ss. – seguintes

STJ – Supremo Tribunal de Justiça

TAD – Tribunal Arbitral do Desporto (Lei n.º 74/2013, de 6 de setembro)

TC – Tribunal Constitucional

TCA – Tribunal Central Administrativo

TR – Tribunal da Relação

TRL – Tribunal da Relação de Lisboa

UNCITRAL – United Nations Commission on International Trade Law

Vide – Veja-se

Vol. – Volume

RESUMO

A presente dissertação centra-se no dever de revelação dos árbitros. Não obstante este ser um dos temas mais atuais no domínio da arbitragem, uma vez que, ao contrário do que sucede na doutrina nacional, é frequentemente debatido na jurisprudência, encontra-se previsto de uma forma muito superficial nas várias disposições legais, nomeadamente na LAV. Muito sumariamente, o dever de revelação, previsto no art. 13.º da LAV, consiste na obrigação de o árbitro revelar quaisquer factos que possam pôr em causa a sua independência e imparcialidade, enquanto princípios basilares da sua conduta (art. 9.º, n.º 3 da LAV).

Nesta senda, este trabalho foi construído em torno de algumas abordagens fundamentais: em primeiro lugar, o estudo da natureza jurídica mista da arbitragem, de onde constatamos o desempenho da atividade jurisdicional que é expressamente reconhecido aos árbitros. Em segundo lugar, a análise minuciosa dos princípios éticos que devem pautar a conduta dos árbitros, fazendo-se também um breve paralelismo com os princípios éticos inerentes à atuação dos magistrados judiciais. Por último, aprofundaremos o dever de revelação dos árbitros, para além de também analisarmos as possíveis consequências jurídicas que podem resultar do incumprimento deste dever.

Em suma, com esta investigação pretendemos demonstrar que embora se reconheça constitucionalmente a arbitragem como um meio alternativo à justiça estadual, inexiste um regime capaz de assegurar rigorosamente o controlo da conduta dos árbitros, sobretudo pelo facto de não estarem devidamente tipificadas as situações em que é exigida a revelação dos árbitros e, paralelamente, por não estar legalmente previsto um mecanismo de reação eficaz que acautele devidamente a posição jurídica das partes quando o árbitro viole este dever e estas só venham a ter conhecimento da violação posteriormente.

Palavras-chave: Independência e imparcialidade do árbitro; dever de revelação e omissão de revelação; responsabilidade do árbitro.

ABSTRACT

This dissertation focuses on the arbitrator's duty of disclosure. In contrast to national doctrine, this is one of the most current subjects in arbitration since it is frequently discussed in jurisprudence. Nonetheless, it is rather superficially regulated in several arbitration rules, such as LAV. Briefly, the duty of disclosure, in accordance with art. 13.º of LAV, consists on the arbitrator's obligation to reveal any fact that might raise justifiable doubts as to his or her impartiality or independence, as fundamental principles of arbitrator's conduct (art. 9.º, n.º 3 of LAV).

Taking this into account, this dissertation was written based on some fundamental approaches: firstly, the studying of arbitration's hybrid nature, from which it is possible to recognize the administration of justice pursued by arbitrators. Secondly, the thorough analysis of ethical principles that should guide arbitrator's conduct. Lastly, we will investigate the duty of disclosure, as well as the arbitrator's failure to disclose and the legal consequences resulting from that.

In summary, this investigation aims to demonstrate that, while arbitration is constitutionally recognized as an alternative dispute resolution, there is no legal system capable of meticulously ensuring the control of arbitrator's conduct since the circumstances that implies disclosure are not properly typified. Moreover, there is no efficacious reaction mechanism to ensure legal security to the contracting parties when the arbitrator has violated his or her duty to disclose and they only became aware of that lately.

Keywords: Independence and impartiality of the arbitrator; duty of disclosure and failure to disclose; the arbitrator's responsability.

PLANO DE EXPOSIÇÃO

> *«Sendo as virtudes primeiras da atividade humana,*
> *a verdade e a justiça não podem ser objeto*
> *de qualquer compromisso.»*
>
> JOHN RAWLS,
> *Uma Teoria da Justiça*, 1971

O presente trabalho insere-se na temática do estatuto do árbitro. Atualmente, este apresenta-se como um dos temas mais controversos no domínio da arbitragem, mas também como um dos menos explorados na nossa doutrina, sendo inegável a escassa atenção que tem sido dada a este assunto[1]. Para além disso, acresce

---

[1] Sobre o estatuto dos árbitros veja-se, entre outros, AUGUSTO LOPES CARDOSO, «Da Deontologia do Árbitro», 1996, p. 33 e ss.; FOUCHARD, GAILLARD, GOLDMAN, *On International Commercial Arbitration*, 1999, p. 560 e ss.; THOMAS CLAY, *L'arbitre*, 2001, p. 231 e ss.; ALAN REDFERN e MARTIN HUNTER, *Law and Practice of International Commercial Arbitration*, 2004, p. 199 e ss.; AGOSTINHO PEREIRA DE MIRANDA, «Arbitragem Voluntária e Deontologia – Considerações

O DEVER DE REVELAÇÃO COMO PROBLEMA DE INDEPENDÊNCIA [...]

o facto de a Lei da Arbitragem Voluntária, doravante designada por LAV, não entrar em *pormenores*[2] no que diz respeito à deontologia profissional dos árbitros. Deste modo, a LAV apresenta-se pouco esclarecedora na previsão dos direitos e deveres reconhecidos aos árbitros[3] (não obstante as partes também poderem definir alguns dos deveres que pretendam

Preliminares», 2007, p. 116 e ss.; MÁRIO RAPOSO, «O Estatuto dos Árbitros», 2007, p. 540 ss.; ANTÓNIO PIRES DE LIMA, «Independência dos Árbitros e Ética Arbitral», 2008, p. 57 e ss.; BERNARDO REIS, «O Estatuto dos Árbitros – Alguns Aspetos», 2009, p. 12 e ss.; MARIANA FRANÇA GOUVEIA, «O Dever de Independência do Árbitro de Parte», 2009, p. 321 e ss; AGOSTINHO PEREIRA DE MIRANDA, «O Estatuto Deontológico do Árbitro – Passado, Presente e Futuro», 2010, p. 63 e ss.; PETER BINDER, *International Commercial Arbitration and Conciliation in UNCITRAL Model Law Jurisdictions*, 2010, p. 183 e ss.; FREDERICO GONÇALVES PEREIRA, «O Estatuto do Árbitro: Algumas Notas», 2011, p. 161 e ss.; MIGUEL GALVÃO TELES, «A Independência e Imparcialidade dos Árbitros como Imposição Constitucional», 2011, p. 261 e ss.; ANTÓNIO SAMPAIO CARAMELO, «O Estatuto dos Árbitros e a Constituição do Tribunal na Lei da Arbitragem Voluntária», 2013, p. 28 e ss.; BERNARDO REIS, «Reflexões práticas sobre a ética na arbitragem: perspetiva de árbitro», 2013, p. 76 e ss.; MANUEL PEREIRA BARROCAS, «A ética dos árbitros e as suas obrigações legais», 2013, p. 192 e ss.; MÁRIO RAPOSO, «Os Árbitros», 2013, p. 903 e ss.; WALTER RECHBERGER, «Independence And Impartiality Of Arbitrators», 2013, pp. 1041-1042; GARY BORN, *International Commercial Arbitration*, 2014, p. 1988 e ss.; ANTÓNIO MENEZES CORDEIRO, *Tratado da Arbitragem*, 2015, p. 128 e ss.

[2] Cfr. MARIANA FRANÇA GOUVEIA, *Curso de Resolução Alternativa de Litígios*, 2014, p. 198.

[3] Nas palavras de AUGUSTO LOPES CARDOSO, «[...] não há nenhuma disposição legal que defina claramente, pela positiva, os deveres do árbitro [...].» (*vide Ob. cit.*, p. 34).

PLANO DE EXPOSIÇÃO

que sejam respeitados por aqueles[4]), o que dificulta em muito a nossa investigação, mas também por isso a torna mais desafiante. Face à crescente importância[5] e atualidade deste meio[6], torna-se essencial perceber o verdadeiro alcance dos direitos dos árbitros, mas acima de tudo dos seus deveres[7].

Para promover a regulamentação deste tema e tendo em conta o silêncio da nossa lei, iremos ter presente alguns instrumentos de *soft-law* como os códigos deontológicos elaborados por associações profissionais, bem como instrumentos internacionais que nos facultam algumas (mas nem todas) soluções. A título de exemplo e porque são, neste momento, as regras mais conhecidas relativamente à conduta dos árbitros, estudaremos essencialmente as IBA Guidelines[8], comummente denominadas pelas listas da IBA[9].

---

[4] Cfr. BERNARDO REIS, «O Estatuto...», pp. 26-27.

[5] Segundo PEDRO MARTÍNEZ GONZÁLEZ, o recurso à arbitragem pode justificar-se porque «*[...] reviste mayor flexibilidad que el proceso judicial. [...] es más rápido [...] no hay segunda instancia [...] tiene un menor coste económico [...]*» (*vide El nuevo régimen del arbitraje*, 2011, p. 13).

[6] Relativamente ao crescimento da arbitragem, leia-se, por todos, FRANCISCO CORTEZ, «A Arbitragem Voluntária em Portugal: Dos "ricos homens" aos tribunais privados», 1992, pp. 368-369.

[7] Tal como ensina ANTÓNIO MENEZES CORDEIRO, a relevância do estudo do papel do árbitro encontra o seu fundamento no princípio de que «*Ninguém pode decidir em causa própria [...]*». Acrescenta o autor que *se não existisse qualquer regulamentação dos princípios subjacentes à atuação do árbitro, a decisão arbitral «[...] seria aleatória, caindo no jogo ou aposta [...]*» (*vide Ob. cit.*, pp. 135-136).

[8] Documento disponível em: *http://www.ibanet.org*.

[9] Cfr. AGOSTINHO PEREIRA DE MIRANDA e PEDRO SOUSA UVA, «As Diretrizes da IBA sobre Conflitos de Interesses na Arbitragem Internacional: 10 anos depois», 2015, pp. 21-22.

O DEVER DE REVELAÇÃO COMO PROBLEMA DE INDEPENDÊNCIA [...]

Tendo em consideração que a arbitragem é, como veremos, um dos únicos meios de resolução alternativa de litígios cujas decisões proferidas na instância arbitral produzem um efeito idêntico ao das sentenças judiciais[10], torna-se imprescindível uma análise minuciosa sobre o papel desempenhado pelos árbitros. Conforme estabelece o art. 42.º, n.º 7 da LAV, a atribuição da força de caso julgado às decisões arbitrais e o reconhecimento da sua natureza executiva reforçam a ideia de que estamos perante julgadores (ainda que privados) que resolvem, de forma definitiva, os litígios a eles submetidos[11]. Assim, tem tido acolhimento o princípio da definitividade das decisões arbitrais[12], exigindo-se do árbitro um rigoroso compromisso ético no cumprimento dos deveres a que está sujeito.

I. Nestes termos, limitaremos a nossa pesquisa ao estudo de um dos mais importantes deveres do árbitro: *o dever de revelação* (também designado por *duty of disclosure*), previsto no art. 13.º da LAV. No fundo, e muito sumariamente, trata-se de uma

[10] Cfr. JORGE MORAIS CARVALHO, «O processo deliberativo e a fundamentação da sentença arbitral», 2011, p. 751.

[11] Cfr. FRANCISCO CORTEZ, *Ob. cit.*, p. 366; ANTÓNIO PEDRO PINTO MONTEIRO, «Do Recurso de Decisões Arbitrais para o Tribunal Constitucional», 2009, p. 188.

[12] Cfr., por todos, FRANCISCO CORTEZ, *Ob. cit.*, p. 544; AUGUSTO LOPES CARDOSO, *Ob. cit.*, p. 33; MANUEL PEREIRA BARROCAS, *Manual de Arbitragem*, 2010, p. 287.

obrigação imposta ao árbitro de apreciar a sua condição face a determinada disputa e, se assim se justificar, de revelar – no momento da constituição do tribunal ou durante todo o processo arbitral – quaisquer circunstâncias que possam comprometer a sua isenção[13].

Estritamente ligados a este dever e tendo presente a atividade jurisdicional desempenhada pelos árbitros, os princípios da independência e da imparcialidade também vão ser alvo da nossa atenção[14]. Nesta senda, iremos analisar a sua função no âmbito da arbitragem, visto que apenas se pode reconhecer competência a um tribunal arbitral para participar na administração da justiça se for assegurado um julgamento neutro. Durante a condução do processo impõe-se aos árbitros, por isso, uma atuação autónoma e livre de quaisquer pressões ou interesses pessoais ou de terceiros, visando-se a equidistância relativamente à disputa e às partes intervenientes.

[13] Como refere AGOSTINHO PEREIRA DE MIRANDA, «*Esta obrigação está de tal modo enraizada [...] que certos autores consideram-na uma regra material da arbitragem [...]*» (vide «Dever de Revelação e Direito de Recusa do Árbitro - Considerações a propósito dos arts. 13.º e 14.º da Lei da Arbitragem voluntária», 2013, p. 1272). Veja-se, também, BERNARDO REIS, «O Estatuto...», pp. 22-23; PEDRO MARTÍNEZ GONZÁLEZ, *Ob. cit.*, p. 25; WALTER RECHBERGER, *Ob. cit.*, pp. 1041-1042; NIGEL BLACKABY, *et. al.*, *Redfern and Hunter on International Arbitration*, 2015, p. 255.

[14] Na perspetiva de AUGUSTO LOPES CARDOSO, estes deveres são «*[...] o cerne da deontologia dos árbitros.*» (vide *Ob. cit.*, p. 34).

O DEVER DE REVELAÇÃO COMO PROBLEMA DE INDEPENDÊNCIA [...]

II. O objeto do presente estudo resulta, assim, de três reflexões essenciais que orientam a nossa abordagem a este tema. Para o efeito, teremos essencialmente presente o disposto na LAV e o que o legislador consagrou a esse respeito.

i. O **Capítulo I** introduz uma breve contextualização da figura da arbitragem, a qual será o ponto de partida da nossa dissertação. Com esta análise visamos, por um lado, reforçar a importância que é dada à vontade e autonomia das partes tanto na opção pela arbitragem como o meio de resolução dos seus conflitos, bem como na oportunidade que lhes é dada de intervir no próprio processo. Por outro lado, pretendemos realçar o exercício da atividade jurisdicional assegurado também pelos árbitros que fundamenta, no fundo, a crescente relevância que lhes tem sido dada como *julgadores privados*.

ii. De seguida, no **Capítulo II**, evidenciaremos os princípios basilares que orientam a atuação de um árbitro e de um juiz no exercício da administração da justiça, tal como as diferenças que sobressaem entre ambos, em particular quanto aos moldes em que exercem a função jurisdicional. Para além disso, analisaremos a relação entre um tribunal arbitral e um tribunal estadual. Faremos, também, uma breve referência ao modo como se processa a constituição do tribunal arbitral.

iii. No **Capítulo III** estudaremos o regime do dever de revelação, plasmado no art. 13.º, n.º 1 e, consequentemente, o pedido de recusa do árbitro, previsto no art. 14.º, ambos da LAV. Adiante, tentaremos clarificar algumas das circunstâncias aptas a pôr em causa a isenção do árbitro, tal como alguns critérios que podem ser usados para que se consigam apurá-las. Tendo em conta a falta de soluções na LAV e para além do estudo de alguns instrumentos de *soft-law*, focar-nos-emos na análise de jurisprudência, estudando criteriosamente as respostas que têm sido dadas tanto a nível nacional como internacional. Finalmente, também iremos refletir sobre a omissão de revelação do árbitro, as respetivas consequências jurídicas e os possíveis meios de reação das partes. Neste sentido, importa saber se a omissão de revelação põe sempre em causa a imparcialidade e independência do árbitro; se com a simples revelação de determinado facto o árbitro responde às exigências de independência e imparcialidade que lhe são impostas ou se, contrariamente, essa revelação leva automaticamente à recusa do árbitro.

iv. Enunciadas as questões que abordaremos ao longo de toda a nossa investigação, o **Capítulo IV** será dedicado à reflexão das principais conclusões que marcam a temática deste trabalho.

CAPÍTULO I
A natureza jurídica da arbitragem

1. Considerações iniciais

O conceito de arbitragem voluntária não tem sido motivo de grande discussão, sendo geralmente aceite pela doutrina a sua definição[15]. Numa primeira classificação, podemos referir-nos à arbitragem voluntária

---

[15] Veja-se, por todos, o conceito de arbitragem defendido por LUÍS DE LIMA PINHEIRO: *«Modo de resolução jurisdicional de controvérsias em que, com base na vontade das partes, a decisão é confiada a terceiro»* (*vide Arbitragem Transnacional – Determinação do Estatuto da Arbitragem*, 2005, p. 26); WALTER RECHBERGER: *«[...] means of dispute resolution that differs from litigation [...] the parties to an arbitration agreement have to agree on the arbitratiors [...] or at least on a procedure [...]»* (*vide Ob. cit.*, pp. 1039-1040); MARIANA FRANÇA GOUVEIA: *«[...] modo de resolução jurisdicional de conflitos em que a decisão, com base na vontade das partes, é confiada a terceiros.»* (*vide Curso...*, p. 119); ANTÓNIO MENEZES CORDEIRO: *«[...] situação jurídica decorrente da remissão, pelas partes, da composição de um litígio, para decisão de terceiros. [...] A remissão implica um acordo livremente concluído [...]»* (*vide Ob. cit.*, p. 16).

O DEVER DE REVELAÇÃO COMO PROBLEMA DE INDEPENDÊNCIA [...]

como um meio de resolução alternativa de litígios[16], à semelhança da mediação[17], da negociação[18] e, na perspetiva de alguns autores, da conciliação judicial[19]. Não nos debruçaremos exaustivamente na análise das diferenças das várias figuras aqui referidas, mas destacamos o facto de a arbitragem ser o único meio em que a decisão é imposta por um ou vários terceiros imparciais com poderes adjudicatórios, ficando as partes vinculadas à sentença proferida na instância

[16] Cfr. PAULA COSTA E SILVA, *A Nova Face da Justiça*, 2009, p. 34 e ss.

[17] Para o efeito, entende-se a mediação como «*[...] uma via de autossolução ou auto composição de conflitos, baseada na vontade das partes litigantes, com auxílio de um terceiro imparcial sem poderes de decisão [...]*». Trata-se, assim, de um modelo de resolução em que os interesses das partes são o foco do processo, cujo objetivo primordial do mediador é alcançar um acordo entre ambas as partes (*vide* DULCE LOPES e AFONSO PATRÃO, *Lei da Mediação Comentada*, 2014, p. 21 e ss.). Sobre as diferenças entre os dois meios RAL, leia-se JOSÉ MIGUEL JÚDICE, «Arbitragem e Mediação: Separados à Nascença», 2008, p. 1 e ss.

[18] Por outro lado, a negociação caracteriza-se por ser «*[...] um modelo de resolver conflitos ainda interno [...] extrajudicial que pode ser utilizado na sua forma simples, sem terceiros, ou em conjunto com outros métodos de resolução de litígios.*» (*vide* MARIANA FRANÇA GOUVEIA, *Curso...*, p. 23).

[19] Por fim, a conciliação judicial apresenta-se como um modo de resolução alternativa de litígios levado a cabo por um terceiro com poderes adjudicatórios – o árbitro ou o juiz – onde as partes são levadas a encontrar um consenso sobre a sua disputa (*vide* DÁRIO MOURA VICENTE, *Da Arbitragem Comercial Internacional*, 1990, pp. 31-32; ALAN REDFERN e MARTIN HUNTER, *Ob. cit.*, pp. 37-38; JOANA CAMPOS CARVALHO, «A Conciliação Judicial», 2009, p. 14 e ss.; ANTÓNIO MENEZES CORDEIRO, *Ob. cit.*, pp. 16-17; JORGE MORAIS DE CARVALHO *et. al*, *Manual de Resolução Alternativa de Litígios de Consumo*, 2017, p. 13).

arbitral[20] (pelo menos num primeiro momento), à semelhança do que acontece nos tribunais estaduais. Numa primeira análise, podemos referir que a arbitragem é uma *forma de administração privada de justiça*[21] onde as partes optam, no âmbito da sua autonomia e liberdade, pelo recurso a este meio.

Visto que o surgimento dos meios extrajudiciais de litígios facultou às partes a possibilidade de obterem um modo alternativo de resolução dos seus litígios[22] parece-nos que, à partida, estes não deveriam ser dotados de um carácter obrigatório, ou seja, não devia ser negada às partes a hipótese de optarem pela via judicial. Em nosso entendimento, apenas se deveriam submeter aos meios RAL as partes interessadas (não fosse, aliás, o requisito da *voluntariedade* um dos elementos mais característicos destes meios[23]).

---

[20] ARTUR FLAMÍNIO DA SILVA defende que se trata de uma forma alternativa e substitutiva de administração da justiça, à luz do art. 209.º, n.º 2 da CRP. Adianta o autor que a arbitragem voluntária assume uma dupla dimensão: a dimensão material, que se consubstancia com a celebração da convenção de arbitragem dando origem a um tribunal privado, e a dimensão processual, tendo em conta que a criação de um tribunal privado materializa o exercício efetivo da atividade jurisdicional (*vide A Resolução de Conflitos Desportivos em Portugal – Entre o Direito Público e o Direito Privado*, 2017, pp. 345-346).

[21] Cfr. AUGUSTO LOPES CARDOSO, *Ob. cit.*, p. 33; MARIANA FRANÇA GOUVEIA, *Curso...*, p. 119.

[22] Sobre o surgimento dos meios RAL, leia-se PAULA COSTA E SILVA, *Ob. cit.*, p. 19 e ss.; MARIANA FRANÇA GOUVEIA, *Curso...*, p. 25 e ss.

[23] O conceito de arbitragem inclui, em praticamente todas as suas definições, a vontade e liberdade das partes no recurso a este meio como elemento basilar (*vide*, por exemplo, FRANCISCO CORTEZ,

O DEVER DE REVELAÇÃO COMO PROBLEMA DE INDEPENDÊNCIA [...]

Com efeito, no domínio da arbitragem, a voluntariedade concretiza-se não só no livre recurso das partes a este meio extrajudicial para dirimir os seus litígios (a par da designação dos respetivos árbitros e da definição das regras processuais), como também no facto de, após ser celebrada a convenção arbitral, as partes ficarem impedidas de recorrer a outros meios durante todo o processo arbitral, sob pena de se gerar uma exceção dilatória (arts. 96.º, al. b) e 577.º, al. a), ambos do CPC).

Contudo, apesar de os meios alternativos à justiça estadual não serem, em regra, impostos às partes[24], têm sido admitidos no seu núcleo aqueles que revestem um carácter obrigatório, como é o caso da *mediação obrigatória*[25] e da *arbitragem necessária*[26]. Esta última é, portanto, uma modalidade de arbitragem[27] que

---

Ob. cit., p. 551; LUÍS DE LIMA PINHEIRO, «Convenção de Arbitragem (Aspetos Internos e Transnacionais)», 2002, p. 1095).

[24] Cfr. MARIANA FRANÇA GOUVEIA, *Curso...*, p. 18.

[25] Cfr. PAULA COSTA E SILVA, *Ob. cit.*, p. 43 e ss.

[26] Cfr. FRANCISCO CORTEZ, *Ob. cit.*, p. 366; LUÍS DE LIMA PINHEIRO, *Arbitragem...*, p. 16.

[27] Para DÁRIO MOURA VICENTE a arbitragem necessária representa «[...] *uma verdadeira forma de arbitragem [...]*» pelo que «[...] *não é a fonte convencional da competência decisória dos árbitros o elemento distintivo da arbitragem [...].*» (*vide Da Arbitragem...*, pp. 27-28). Em concordância, ANTÓNIO DE MAGALHÃES CARDOSO e SARA NAZARÉ defendem que a submissão voluntária à arbitragem não é a característica fundamental na sua definição, uma vez que «[...] *o que depende da vontade das partes não é, em nosso entender, a decisão de cometer a resolução do litígio a terceiros [...] o que a lei permite às partes que escolham é quem decidirá o seu litígio.*» (*vide* «A Arbitragem Necessária – Natureza

A NATUREZA JURÍDICA DA ARBITRAGEM

resulta da imposição legal às partes[28]. Não tem, por isso, um carácter voluntarístico: o legislador entende e exige que certas matérias devem ser discutidas em sede de arbitragem, sendo o critério da vontade das partes completamente afastado[29].

e Regime: Breves contributos para o desbravar de uma (também ela) necessária discussão», 2015, p. 45). Em sentido contrário, ARTUR FLAMÍNIO DA SILVA considera certeiramente que «[...] mesmo que as partes possam nomear os árbitros [...] não parece ser possível falar numa jurisdição «privada», uma vez que inexiste o fundamento da vontade das partes em constituir aquele tribunal.» (vide Ob. cit., pp. 349-350). Também ANTÓNIO PEDRO PINTO MONTEIRO reforça que é precisamente no acordo voluntário entre as partes que assenta a principal diferença entre as duas jurisdições (vide O Princípio da Igualdade e a Pluralidade de Partes na Arbitragem, 2017, p. 168).

[28] Nas palavras de ANTÓNIO MENEZES CORDEIRO, esta modalidade desencadeia-se «[...] independentemente de um acordo das partes nesse sentido; consequentemente, dispõe de esquemas destinados a suprir esse acordo de base, no que tange, por exemplo, à escolha dos árbitros e aos procedimentos a seguir.» (vide Ob. cit., p. 18). Por sua vez, ARTUR FLAMÍNIO DA SILVA entende que se discute a arbitragem necessária devido à «[...] imposição legal de um mecanismo de resolução de litígios pela via arbitral que, por seu turno, impede que as partes possam – pelo menos num primeiro momento – aceder à jurisdição estadual [...].» (vide «O Novo Regime Jurídico da Resolução de Conflitos Desportivos no Direito Administrativo: sobre a Arbitragem Necessária e a Mediação no Tribunal Arbitral do Desporto», 2015, pp. 402-403. Do mesmo autor, leia-se «Revisitando a Constitucionalidade da Arbitragem Necessária em Portugal: Reflexões sobre o Acórdão N.º 123/2015 do Tribunal Constitucional», 2015, p. 377).

[29] PEDRO GONÇALVES admite a modalidade da arbitragem necessária desde que exista controlo estadual porquanto «[...] a potestas dos árbitros continua, pois, a basear-se num ato privado [...] embora por imposição legal, são as partes que confiam aos árbitros o poder que detêm de resolver o litígio. [...] a obrigatoriedade do tribunal arbitral resulta de o Estado abdicar

O DEVER DE REVELAÇÃO COMO PROBLEMA DE INDEPENDÊNCIA [...]

Naturalmente, a implicação prática mais evidente desta figura prende-se com a constituição de um *tribunal arbitral aparente*[30] legalmente configurado, uma vez que, exigindo-se o recurso à jurisdição arbitral, inexiste o elemento da voluntariedade, aproximando--se a figura do tribunal arbitral à jurisdição estatal.

Destarte, identifica-se o carácter *eminentemente público* que é conferido ao tribunal arbitral dado que as partes não têm qualquer poder de opção entre uma ou outra jurisdição[31], pois o recurso à jurisdição estadual fica, desde logo, impossibilitado[32].

Embora não seja pacífica a aceitação da figura da arbitragem necessária como *verdadeira arbitragem*, estando longe uma posição unânime da doutrina[33]

---

de julgar, através da sua organização, certas categorias de conflitos.» (vide *Entidades Privadas com Poderes Públicos*, 2005, pp. 570-572).

[30] Cfr. ARTUR FLAMÍNIO DA SILVA, «Revisitando...», p. 459; *A Resolução...*, p. 351.

[31] Repare-se no Ac. n.º 52/92 do TC, de 14 de março de 1992, que veio equiparar os tribunais arbitrais necessários aos tribunais voluntários para efeitos de inclusão no conceito de arbitragem.

[32] Cfr. ARTUR FLAMÍNIO DA SILVA, *A Resolução...*, pp. 349-351.

[33] A título de exemplo, PEDRO GONÇALVES considera que *«[...] só é pensável admitir a imposição da composição arbitral quando não se encontre vedado o acesso aos tribunais estaduais, hipótese que só se verifica se não estiver excluída a possibilidade de recurso da decisão arbitral [...]»* (vide *Ob. cit.*, p. 573). Por outro lado, MANUEL PEREIRA BARROCAS afirma que *«[...] defender-se que a arbitragem necessária constitui verdadeira arbitragem [...] significa, em resumo, torná-la confundível com a justiça pública [...] e não a uma justiça privada [...]»* (vide *Manual...*, pp. 90-92). ARTUR FLAMÍNIO DA SILVA defende que *«[...] a CRP [...] postula uma responsabilidade da existência de uma jurisdição estadual da qual o Estado não pode*

A NATUREZA JURÍDICA DA ARBITRAGEM

(pois é muito discutível se não poderão ser violados os princípios da igualdade e do direito de acesso aos tribunais, nos termos dos arts. 13.º, 20.º, n.º 2 e 268.º, n.º 4, todos da CRP)[34], tem-se vindo a assistir à sua crescente relevância em alguns setores de grande interesse económico[35] tendo, como exemplo, o setor dos litígios de consumo no âmbito dos serviços públicos essenciais (Lei n.º 6/2011, de 10 de março)[36], o setor laboral (DL n.º 259/2009, de 25 de setembro), o setor desportivo (Lei n.º 33/2014, de 16 de junho)[37], bem como o

---

demitir-se – como o faz com a instituição de uma arbitragem necessária –, sob pena de violação do artigo 20.º da CRP. [...]» (vide A Resolução..., p. 358). Diz ainda o autor que a constitucionalidade desta figura só pode ser analisada casuisticamente e segundo os trâmites do art. 20.º da CRP, pois pode estar em causa a violação do direito fundamental da tutela jurisdicional efetiva, do princípio da igualdade e do princípio do juiz natural (*Ibidem*, pp. 354-361).

[34] No mesmo sentido, GOMES CANOTILHO e VITAL MOREIRA, *Constituição da República Portuguesa Anotada*, 2014, p. 551 e ss.; RUI MEDEIROS, «Arbitragem Necessária e Constituição», 2014, p. 6. Em sentido contrário, ANTÓNIO MAGALHÃES CARDOSO e SARA NAZARÉ defendem «[...] *uma visão unitária do conceito de arbitragem* [...]» (*vide Ob. cit.*, p. 55).

[35] Cfr. ANTÓNIO DE MAGALHÃES CARDOSO e SARA NAZARÉ, *Ob. cit.*, pp. 33-35.

[36] Sobre este regime, leia-se JORGE MORAIS CARVALHO, *et. al.*, *Ob. cit.*, p. 183 e ss.

[37] O setor desportivo constituiu o ponto de partida na discussão acesa sobre a constitucionalidade da arbitragem necessária uma vez que, com o surgimento do TAD, um centro de arbitragem institucionalizada, todos os litígios desportivos de natureza de Direito Público passaram a ser discutidos obrigatoriamente em sede arbitral (arts. 1.º, n.º 2, 4.º, n.º 1 e 5.º, todos da Lei do TAD), ficando apenas submetidos a arbitragem

O DEVER DE REVELAÇÃO COMO PROBLEMA DE INDEPENDÊNCIA [...]

setor de medicamentos genéricos (Lei n.º 62/2011, de 12 de dezembro)[38], entre outros.

Feita esta breve reflexão, cabe-nos focar o resto do trabalho na figura da arbitragem voluntária até porque o próprio regime da arbitragem necessária remete, em regra[39], para as disposições gerais da LAV[40] (como aliás

voluntária os litígios de natureza de Direito Privado, como prevê o art. 6.º da mesma lei (*vide* RUI MEDEIROS, *Ob. cit.*, p. 3). Relativamente à instituição da arbitragem necessária no TAD, foi declarada inconstitucional a ausência de mecanismos de controlo por parte dos tribunais estaduais pois, desse modo, estar-se-ia a pôr em causa o princípio de acesso ao Direito e à tutela jurisdicional efetiva, bem como o princípio da igualdade, presentes nos arts. 13.º, 20.º, n.º 1 e 268.º, n.º 4 da CRP (*vide* ARTUR FLAMÍNIO DA SILVA, «Revisitando...», pp. 377-468 e 474-475. Do mesmo autor, veja-se *A Resolução...*, pp. 448-454 e 457 e ss.). Ainda sobre este tema, veja-se o Ac. n.º 230/2013 do TC, de 9 de maio de 2013, onde se refere que «*[...] existem fundadas dúvidas sobre se a regra da irrecorribilidade das decisões do TAD para os tribunais estaduais [...] não violará o direito de acesso ao aos tribunais e à tutela jurisdicional efetiva, bem com o princípio da igualdade [...]*». Para além deste, veja-se o Ac. n.º 781/2013 do TC, de 16 de dezembro de 2013, e o Ac. n.º 123/2015 do TC, de 7 de julho de 2015.

[38] Na perspetiva de SOFIA RIBEIRO MENDES este regime tem-se revelado lacunoso e ineficaz, nomeadamente devido à recusa de árbitros por alegada falta de imparcialidade (*vide* «O Novo regime de arbitragem necessária de litígios relativos a medicamentos de referência e genéricos: alguns problemas», 2013, p. 1037). Sobre este tema, leia-se também AQUILINO PAULO ANTUNES, «Arbitragem necessária sobre medicamentos e propriedade industrial: duas questões em aberto», 2015, p. 28.

[39] Excetua-se, por exemplo, o TAD, cuja aplicação subsidiária remete para o CPTA, como prevê o art. 61.º da Lei do TAD.

[40] Cfr. ANTÓNIO DE MAGALHÃES CARDOSO e SARA NAZARÉ, *Ob. cit.*, p. 47.

se encontra previsto, ainda que de forma genérica, no art. 1085.º do CPC), sendo a solução aí presente aplicável para regular todos os pormenores que não são estatuídos nos diplomas legais especiais e nos vários regulamentos dos centros de arbitragem institucionalizada, ainda que subsidiariamente.

O tema do presente trabalho será então estudado de acordo com as normas da LAV, não obstante algumas referências que serão feitas relativamente à modalidade da arbitragem necessária meramente a título excecional.

2. Arbitragem e Jurisdição

A caracterização da natureza jurídica da arbitragem é controversa. São várias as teses que a visam fundamentar e caracterizar [41]: a *contratualista*, a *jurisdicional* e, por fim, a *mista* [42]. Todavia, debruçar-nos-emos

---

[41] Relativamente às várias teses da natureza da arbitragem leia-se, entre outros, DÁRIO MOURA VICENTE, *Ob. cit.*, pp. 66-67; MANUEL HENRIQUE MESQUITA, «Arbitragem: Competência do Tribunal arbitral e responsabilidade civil do árbitro», 1998, pp. 1390-1391; CARLOS FERREIRA DE ALMEIDA, «Convenção de Arbitragem – Conteúdos e Efeitos», 2007, p. 82 e ss.; PEDRO PINA, «Arbitragem e Jurisdição», 2008, p. 137 e ss.; ANTÓNIO PEDRO PINTO MONTEIRO, «Da ordem pública no processo arbitral», 2013, pp. 591-592. Do mesmo autor, veja-se *O Princípio...*, pp. 168-169.

[42] Muito sumariamente, a tese contratualista visa sustentar que a natureza da arbitragem assenta exclusivamente no vínculo contratual existente entre as partes e os árbitros, onde estes atuam como

O DEVER DE REVELAÇÃO COMO PROBLEMA DE INDEPENDÊNCIA [...]

essencialmente na análise da tese que mais acolhimento tem tido na nossa doutrina, com a qual também nós nos identificamos, e que defende que a natureza da arbitragem reveste um *carácter misto ou híbrido*[43]. Quer-se com isto dizer que, se por um lado se reconhece a sua vertente privada baseada na vontade e consequente acordo entre as partes (que se reflete, aliás, na celebração da convenção de arbitragem[44]), também se admite o exercício da função jurisdicional pelos tribunais arbitrais, tornando-se estes últimos competentes na administração da justiça[45] a par

seus mandatários. Por outro lado, a tese jurisdicional reconhece à arbitragem a função jurisdicional, encarando-a somente como uma forma alternativa de administração de justiça onde os árbitros detêm poderes decisórios (*vide* LUÍS DE LIMA PINHEIRO, *Arbitragem...*, p. 181 e ss.; MARIANA FRANÇA GOUVEIA, *Curso...*, pp. 119-120).

[43] CARLOS FERREIRA DE ALMEIDA explica que de acordo com a tese mista se identificam as duas vertentes da arbitragem: a contratual e a jurisdicional. Assim, a função jurisdicional «*[...] é desempenhada através de poder de decisão de litígios exercido por uma instância neutral. Tem natureza contratual privada, porque os tribunais arbitrais são criados em conformidade com convenções de arbitragem [...]*.» (*vide Ob. cit.*, p. 82).

[44] Como ensina FRANCISCO CORTEZ, «*[...] o tribunal arbitral fundamenta-se na vontade das partes de tal forma que é a autonomia privada que molda a sua constituição e funcionamento [...]*» (*vide Ob. cit.*, p. 555). Na mesma perspetiva, ANTÓNIO MENEZES CORDEIRO relembra-nos que «*[...] os tribunais arbitrais são criados em conformidade com convenções de arbitragem, que constituem a fonte dos seus poderes e delimitam o âmbito da respetiva competência.*» (*vide Ob. cit.*, p. 65).

[45] Cfr., entre outros, RAÚL VENTURA, «Convenção de Arbitragem», 1986, p. 301 e ss.; MANUEL HENRIQUE MESQUITA, *Ob. cit.*, p. 1381; PAULO RANGEL, *Repensar o Poder Judicial – Fundamentos e Fragmentos*, 2001, pp. 273-274; JOSÉ LEBRE DE FREITAS, «Algumas

dos tribunais estaduais (arts. 202.º, n.º 1 e 209.º, n.º 2, ambos da CRP). Ademais, a arbitragem reveste, ainda, um cariz público quanto ao seu resultado[46], valendo o já referido princípio da equiparação da decisão arbitral e da decisão judicial (art. 42.º, n.º 7 da LAV)[47], como estudaremos adiante.

i. A convenção de arbitragem como reflexo da autonomia das partes

A convenção de arbitragem é o reflexo da autonomia das partes e o fundamento da arbitragem voluntária[48], encontrando-se prevista nos arts. 1.º da

implicações da natureza da convenção de arbitragem», 2002, p. 625 e ss.; LUÍS DE LIMA PINHEIRO, «Convenção...», p. 1906 e ss.; DÁRIO MOURA VICENTE, «A Manifestação do Consentimento na Convenção de Arbitragem», 2002, p. 991 e ss.; LUÍS DE LIMA PINHEIRO, *Arbitragem...*, p. 83 e ss.; PEDRO GONÇALVES, *Ob. cit.*, pp. 560-561.

[46] Cfr. FRANCISCO CORTEZ, *Ob. cit.*, p. 555; ANTÓNIO PEDRO PINTO MONTEIRO, «Da ordem...», p. 591; ARMINDO RIBEIRO MENDES, «Os Tribunais são tribunais, mas não são "Tribunais como os outros"», 2015, p. 61.

[47] Sobre esta questão leia-se, por todos, ARTUR FLAMÍNIO DA SILVA, *A Resolução...*, p. 344.

[48] Note-se que a convenção arbitral deve revestir forma escrita como previsto nos arts. 2.º, n.º 1 e 4.º, n.º 3, todos da LAV, entre outros requisitos (*vide* FRANCISCO CORTEZ, *Ob. cit.*, p. 551; FOUCHARD, GAILLARD, GOLDMAN, *Ob. cit.*, p. 192; LUÍS DE LIMA PINHEIRO, «Convenção...», p. 1140 e ss.; DÁRIO MOURA VICENTE, «A Manifestação...», p. 993 e ss.; ALAN REDFERN e MARTIN HUNTER, *Ob. cit.*,

O DEVER DE REVELAÇÃO COMO PROBLEMA DE INDEPENDÊNCIA [...]

LAV e 7.º, n.º 1 da UNCITRAL. No fundo, podemos defini-la como a expressão da vontade das partes no recurso à arbitragem para a resolução dos seus litígios[49]. Trata-se, por isso, da condição «*sine qua non*»[50] da arbitragem voluntária na medida em que é através dela que as partes revelam a sua opção em prosseguir para a jurisdição arbitral, com a ressalva de poderem sempre desistir da instância até à prolação da sentença (art. 4.º, n.º 2 da LAV) e representa, consequentemente, o «*foco de luz*»[51] da competência dos árbitros[52].

pp. 7-9; PEDRO MARTÍNEZ GONZÁLEZ, *Ob. cit.*, p. 45 e ss.; CARLOS FERREIRA DE ALMEIDA, *Ob. cit.*, pp. 84-85; MARIANA FRANÇA GOUVEIA, *Curso...*, p. 128; MÁRIO ESTEVES DE OLIVEIRA, *et. al.*, *Lei da Arbitragem Voluntária*, 2014, p. 68 e ss.; ANTÓNIO MENEZES CORDEIRO, *Ob. cit.*, p. 104 e ss.).

[49] Com a celebração da convenção de arbitragem, RAÚL VENTURA entende que «*[...] nasce um direito potestativo [...], cujo conteúdo consiste na faculdade de fazer constituir um tribunal arbitral [...] atual como futuro [...] cada uma das partes fica sujeita a uma vinculação.*» (*vide Ob. cit.*, p. 301). Por sua vez, PEDRO PINA admite que «*As partes [...] atribuem a particulares a potestas iudicandi [...], uma vez que não estavam investidos da autoridade pública de um magistrado judicial.*» (*vide Ob. cit.*, p. 135). Também ANTÓNIO PEDRO PINTO MONTEIRO considera que «*[...] os tribunais arbitrais são, justamente, criados em conformidade com a convenção de arbitragem, convenção que constitui a fonte dos seus poderes e delimita o âmbito da respetiva competência [...]*» (*vide* «Da ordem...», p. 592).

[50] Cfr. MANUEL PEREIRA BARROCAS, *Manual...*, p. 40. Adianta o autor que «*Sem a convenção arbitral o árbitro não passa de uma mera pessoa privada [...]*» (*Ibidem*, p. 34).

[51] Cfr. MARIANA FRANÇA GOUVEIA, *Curso...*, p. 126.

[52] Sendo a convenção arbitral um acordo entre as partes contraentes esta assume a natureza de um *negócio jurídico bilateral processual*, uma vez

A convenção arbitral pode ter como objeto um litígio atual (compromisso arbitral) ou futuro (cláusula compromissória)[53], segundo o n.º 3, do art. 1.º da LAV[54]. Muito sumariamente, o que distingue as duas figuras é o facto de a cláusula compromissória ser celebrada antes da existência do litígio, visando um litígio eventual, enquanto o compromisso arbitral se celebra num momento posterior ao litígio[55]. Uma questão que se pode mostrar controversa prende-se com a autonomia da cláusula arbitral em relação ao contrato no qual esta se encontra inserida. Nos termos do art. 18.º, n.º 3 da LAV, tende a prevalecer o *princípio da autonomia ou separabilidade da*

que a convenção pode ser celebrada na pendência de uma ação judicial implicando, consequentemente, a sua extinção, pois impede a intervenção dos tribunais estaduais no processo, como prevê o art. 280.º do CPC (*vide*, por exemplo, JOSÉ LEBRE DE FREITAS, *Ob. cit.*, p. 628; CARLOS FERREIRA DE ALMEIDA, *Ob. cit.*, p. 83).

[53] Cfr. RAÚL VENTURA, *Ob. cit.*, p. 293; JOSÉ LEBRE DE FREITAS, *Ob. cit.*, pp. 630-631; LUÍS DE LIMA PINHEIRO, «Convenção...», pp. 1906-1908.

[54] Relativamente à cláusula compromissória, a lei vem clarificar que também podem ser levados a discussão litígios emergentes de relações extracontratuais. Deste modo, CARLOS FERREIRA DE ALMEIDA ensina-nos que «*[...] as partes podem abranger questões de interpretação, de integração, de atualização e de modificação [...] de contratos e de relações ou situações jurídicas [...]*» (*vide Ob. cit.*, pp. 84-85).

[55] Cfr. RAÚL VENTURA, *Ob. cit.*, p. 298; FRANCISCO CORTEZ, *Ob. cit.*, pp. 543 e 561; NIGEL BLACKABY, *et. al.*, *Ob. cit.*, p. 72; ANTÓNIO SAMPAIO CARAMELO, «A "Autonomia" da Cláusula Compromissória e a Competência da Competência do Tribunal Arbitral», 2007, pp. 105-109.

O DEVER DE REVELAÇÃO COMO PROBLEMA DE INDEPENDÊNCIA [...]

convenção de arbitragem[56]: desta feita, caso o contrato onde se insira determinada cláusula seja considerado nulo, tal facto não acarreta automaticamente a nulidade da cláusula compromissória[57], legitimando-se os árbitros a continuarem a condução do processo arbitral com base na competência que lhes foi reconhecida[58].

Consequentemente, do acordo arbitral decorrem dois efeitos jurídicos fundamentais[59]: em primeiro lugar, a celebração de uma convenção de arbitragem gera uma *«força potestativa»*[60] para as partes contraentes que se traduz na obrigatoriedade do recurso à arbitragem para resolução do seu litígio, uma vez que o acordo entre as mesmas torna competentes os tribunais arbitrais (a não ser que, claro está, a convenção seja inválida ou ineficaz, como dita o art. 5.º,

[56] Em sentido contrário, ANTÓNIO SAMPAIO CARAMELO considera-a acessória. Segundo o autor, *«[...] a cláusula compromissória seria inconcebível na ausência do resto do contrato [...]» (vide* «A "Autonomia"...», pp. 110-111).

[57] A este respeito, FOUCHARD, GAILLARD, GOLDMAN afirmam que *«[...] the autonomy of the arbitration agreement is so widely recognized that it has become one of the general principles of arbitration upon which international arbitrators rely [...]» (vide Ob. cit.,* p. 198). LUÍS DE LIMA PINHEIRO relembra-nos que *«Se a validade da cláusula compromissória dependesse da validade do contrato, bastaria que uma das partes invocasse a invalidade do contrato para justificar a intervenção do tribunal estadual.» (vide* «Convenção...», p. 1126).

[58] Cfr. ANTÓNIO MENEZES CORDEIRO, *Ob. cit.,* p. 108.

[59] Cfr. FOUCHARD, GAILLARD, GOLDMAN, *Ob. cit.,* p. 381 e ss.; GARY BORN, *Ob. cit.,* p. 1046.

[60] Cfr. MARIANA FRANÇA GOUVEIA, *Curso...,* p. 181.

n.º 1, última parte da LAV). Nestes casos, os árbitros não são dotados de quaisquer poderes decisórios para dirimir o litígio sendo, naturalmente, extinta a instância arbitral e ficando as partes desimpedidas para recorrer à justiça estadual[61].

Paralelamente, ao tribunal arbitral é dada a oportunidade de reconhecer a sua própria competência, com base no princípio da *Kompetenz-Kompetenz*[62], plasmado no art. 18.º, n.º 1 da LAV. É precisamente nesta regra que se consubstancia o *efeito positivo da convenção arbitral*[63].

---

[61] Cfr. LUÍS DE LIMA PINHEIRO, «Convenção...», p. 1099.

[62] Com este princípio visa-se dar continuidade ao processo arbitral sem que a simples invocação de qualquer inexistência, invalidez ou ineficácia da convenção arbitral o suspenda. Caso o tribunal arbitral considere que tem competência para continuar no processo, podem as partes contestar essa decisão perante um tribunal estadual, mantendo-se o tribunal arbitral no processo até ser proferida uma decisão final, segundo os arts. 18.º, n.º 9, 46.º, n.º 3, al. a), *i)* e *iii)* e 59.º, n.º 1, al. f), todos da LAV. Assim, o tribunal arbitral deve «*[...] determinar se estão em causa litígios necessariamente sujeitos a tribunal judicial, a tribunal arbitral necessário ou direitos indisponíveis», porquanto «[...] a decisão do tribunal arbitral sobre a sua própria competência só poderá ser reapreciada pelo tribunal judicial através dos meios previstos [...] ação de anulação [...] e [...] oposição à execução [...]*» (*vide* PAULA COSTA E SILVA, «Anulação e Recursos da Decisão Arbitral», 1992, pp. 926-931).

[63] Cfr., por todos, H. VAN HOUTTE, «Le Juge Et L'Arbitre – Le Rôle Du Juge Pendant La Procédure Arbitrale», 1993, p. 31; LUÍS DE LIMA PINHEIRO, *Arbitragem...*, p. 133 e ss.; ANTÓNIO SAMPAIO CARAMELO, «A Competência da Competência e a Autonomia do Tribunal Arbitral», 2013, p. 292 e ss. Do mesmo autor, leia-se *Temas de Direito da Arbitragem*, 2013, pp. 218-219; ANTÓNIO MENEZES CORDEIRO, *Ob. cit.*, p. 203 e ss.

O DEVER DE REVELAÇÃO COMO PROBLEMA DE INDEPENDÊNCIA [...]

Em contrapartida, caso tenha sido instaurada uma ação judicial, o réu pode impossibilitar a outra parte de prosseguir a ação num tribunal estadual, conforme o art. 5.º, n.º 1 da LAV, invocando-se a exceção de preterição do tribunal arbitral como exceção dilatória de incompetência absoluta do tribunal[64] (arts. 18.º, n.º 4 da LAV, 96.º, al. b) e 577.º, al. a), ambos do CPC). Trata-se do *efeito negativo ou reflexo da convenção*. Por isso se afirma que a autonomia da vontade, sendo embora o fundamento da arbitragem voluntária, constitui, simultaneamente, o seu limite[65].

ii. A relevância da função jurisdicional reconhecida à arbitragem

A discussão que norteia este ponto prende-se com a mais importante função que é reconhecida à arbitragem: a função *iurisdictio*, prevista no art. 202.º da CRP. Facilmente se depreende que esta faculdade, ao ser assegurada também pelos tribunais arbitrais, indicia uma espécie de *substituição de poder*[66] relativamente aos tribunais estatais[67].

---

[64] Cfr. LUÍS DE LIMA PINHEIRO, *Arbitragem...*, p. 88.

[65] Cfr. PEDRO PINA, *Ob. cit.*, p. 136.

[66] ARTUR FLAMÍNIO DA SILVA adianta que «*Na doutrina é pacífico que não existe, no quadro constitucional português, um monopólio do exercício da função jurisdicional pelos tribunais estaduais.*» (*vide A Resolução...*, pp. 337-338).

[67] DÁRIO MOURA VICENTE afirma que «*O carácter substancialmente jurisdicional da arbitragem é patenteado pela força executiva que entre nós assiste às sentenças arbitrais; [...] pela equiparação das causas de inibição dos*

Posto isto, começaremos, então, por clarificar o conceito de *atividade jurisdicional*[68]. Quase que intuitivamente surge a ideia de que o poder jurisdicional se materializa com o poder de julgar[69], ou seja, trata-se do exercício de uma atividade em que o julgador visa a resolução de um determinado conflito de forma independente e imparcial. Esta função cabe exclusivamente aos tribunais – fruto do princípio da separação de poderes[70] – que são, em regra, órgãos de soberania[71] (excetuam-se, naturalmente, os tribunais arbitrais)[72].

árbitros às dos juízes; pela possibilidade de se interpor recurso da sentença arbitral para tribunal superior [...]» (vide Da Arbitragem..., p. 68). Neste sentido, PEDRO PINA garante que *«A arbitragem [...] tem uma relevância pública enquanto forma de obtenção de justiça [...]» (vide Ob. cit., p. 139).* Afirma ainda o autor que *«[...] não é uma justiça privada, mas uma justiça com eficácia e relevância pública obtida através de particulares [...]» (Ibidem, p. 143).*

[68] No que diz respeito à distinção entre o poder jurisdicional, judicial e judiciário, leia-se GOMES CANOTILHO, *Direito Constitucional e a Teoria da Constituição*, 1993, pp. 656-657.

[69] GOMES CANOTILHO, *Ob. cit.*, p. 654. Para PEDRO GONÇALVES a função jurisdicional é a função de *«[...] dizer imparcial e objetivamente o direito nos conflitos concretos, resolvendo-os definitivamente [...]» (vide Ob. cit., p. 560).*

[70] Cfr. MIGUEL GALVÃO TELES, *Ob. cit.*, p. 252.

[71] GOMES CANOTILHO justifica que esta opção serve para *«[...] garantir a liberdade, pois não há liberdade quando existir a concentração ou confusão entre quem faz as leis, quem as aplica e quem as julga [...]garantir a independência da magistratura, pois só magistrados independentes podem assegurar a justiça em liberdade» (vide Ob. cit., p. 653).*

[72] Na perspetiva de AFONSO RODRIGUES QUEIRÓ, *«Os tribunais mantêm a sua natureza de órgãos se os atos não jurisdicionais da sua competência tiverem, segundo a lei, a força jurídica específica dos atos*

O DEVER DE REVELAÇÃO COMO PROBLEMA DE INDEPENDÊNCIA [...]

Por conseguinte, o reconhecimento da função jurisdicional aos tribunais arbitrais assenta no pressuposto de que se encontram assegurados os requisitos mínimos para que se possa qualificá-los como verdadeiros tribunais, pois só assim se entende que o Estado permita o alargamento do exercício da função jurisdicional em sede arbitral[73]. Não obstante, não é demais relembrar que estas duas jurisdições devem coexistir simultaneamente[74]: a permissão do desempenho da atividade jurisdicional pelos tribunais arbitrais deve ser perspetivada, em nosso entendimento, como uma forma paralela de administração de justiça constitucionalmente prevista, em prol de uma justiça mais eficaz.

Destarte, concluímos que os tribunais arbitrais devem servir os cidadãos em moldes equivalentes aos tribunais estaduais, caso contrário a CRP não legitimaria os tribunais arbitrais, bem como os seus representantes, a exercerem essa função, como consta nos arts. 202.º, n.º 1 e 209.º, n.º 2 da CRP. Todavia, os árbitros não integram um órgão estadual[75]: por

---

jurisdicionais propriamente ditos.» (*vide Estudos de Direito Administrativo*, 1968, p. 48).

[73] Cfr. MARIANA FRANÇA GOUVEIA, *Curso...*, p. 119.

[74] Como ensina ARTUR FLAMÍNIO DA SILVA, «*[...] ainda que não se verifique um monopólio estadual do exercício da função jurisdicional, é possível constatar a existência de uma reserva de jurisdição estadual que impõe a responsabilidade do Estado em garantir a existência de uma jurisdição estadual [...]*» (*vide A Resolução...*, pp. 337-338).

[75] PAULO RANGEL intervém oportunamente reforçando que a admissão da função jurisdicional praticada pelos tribunais arbitrais

outras palavras, a lei possibilita que as partes concedam estes poderes a privados que visam administrar a justiça por delegação do Estado[76]. Nesta esteira, são atribuídos poderes jurisdicionais pelo Estado e, especificamente, pelos contraentes da convenção de arbitragem, a terceiros imparciais – os árbitros. Estes representam, assim, uma justiça privada, não estando legitimados, contudo, a praticar atos baseados no poder soberano pertencente ao Estado visto que o fundamento da atuação dos árbitros se concretiza no princípio da autonomia das partes[77], ancorado na lei[78].

Nestes termos, não se pode afirmar que existe uma total equiparação dos árbitros aos juízes estaduais[79], nem tão pouco dos tribunais arbitrais aos tribunais estaduais[80]. Porém, sem os requisitos primários que devem revestir a atuação de qualquer

«[...] consubstancia [...] um indício forte [...] que aponta para uma progressiva «desintegração» do carácter estadual dos tribunais [...] eles [...] apresentam-se-nos muito mais como um poder ou instrumento da sociedade do que propriamente como um poder do Estado.» (vide Ob. cit., p. 291). Cfr. PEDRO GONÇALVES, Ob. cit., p. 564; PEDRO PINA, Ob. cit., p. 138.

[76] Veja-se o DL n.º 425/86, de 27 de dezembro, que veio permitir expressamente a criação de centros de arbitragem institucionalizada.

[77] Cfr. AGOSTINHO PEREIRA DE MIRANDA, «O Estatuto...», p. 61.

[78] Cfr. PAULO OTERO, «"Exercício de Poderes Públicos de Autoridade por Entidades Privadas com Funções Administrativas" – Arguição da Dissertação de Doutoramento do Mestre Pedro Gonçalves», 2005, p. 848; ANTÓNIO PEDRO PINTO MONTEIRO, O Princípio..., p. 189.

[79] Cfr. ANTÓNIO PEDRO PINTO MONTEIRO, O Princípio..., p. 176 e ss.

[80] Cfr. PEDRO GONÇALVES, Ob. cit., p. 565.

O DEVER DE REVELAÇÃO COMO PROBLEMA DE INDEPENDÊNCIA [...]

julgador, nenhum órgão pode ser configurado como tribunal (quer estejamos no âmbito da jurisdição estatal ou arbitral), pois não é possível assegurar-se um processo equitativo sem um tribunal independente e imparcial (arts. 2.º, 20.º, n.ºs 1 e 4 e 202.º, todos da CRP, e 6.º da CEDH[81])[82].

Ainda quanto a este último preceito, o art. 6.º da CEDH tem-se vindo a assumir como o espelho dos pressupostos básicos de qualquer tribunal: o reconhecimento do direito de um cidadão aceder livremente à justiça judicial, garantindo-se um processo independente e imparcial e, inerentemente, o *due process* como corolário do princípio da igualdade, entre outras garantias[83].

---

[81] Sobre a aplicação do art. 6.º da CEDH no âmbito da arbitragem necessária, ARTUR FLAMÍNIO DA SILVA defende que «[...] a diferença entre a arbitragem voluntária e da arbitragem necessária, no plano da admissibilidade à luz do artigo 6.º da CEDH, assume-se na necessidade de um maior pendor garantístico da arbitragem necessária pela inexistência de uma renúncia das partes a uma parcela da esfera de proteção deste artigo [...]» (vide A Resolução..., pp. 367-369).

[82] Cfr., entre outros, WALTER RECHBERGER, *Ob. cit.*, pp. 1046-1047; ARMINDO RIBEIRO MENDES, *Ob. cit.*, pp. 59-60; ARTUR FLAMÍNIO DA SILVA, *A Resolução...*, pp. 343 e 362-364; ANTÓNIO PEDRO PINTO MONTEIRO, *O Princípio...*, pp. 102-106 e 110 e ss.

[83] Cfr. ARTUR FLAMÍNIO DA SILVA, *A Resolução...*, p. 361 e ss.

CAPÍTULO II
Os tribunais arbitrais como «*verdadeiros tribunais*»

1. Os tribunais como órgãos de soberania

A Constituição enumera de forma taxativa os órgãos de soberania do nosso Estado, prevalecendo o princípio da tipicidade constitucional[84]. No seu art. 110.º, n.º 1, prevê-se que o Presidente da República, a Assembleia da República, o Governo e os Tribunais completam o catálogo dos órgãos de soberania a nível nacional.

Ainda que os tribunais pertençam ao núcleo de órgãos soberanos do Estado[85], aqueles não desempenham a mesma função do que os restantes, sendo

---

[84] Cfr. GOMES CANOTILHO e VITAL MOREIRA, *Ob. cit.*, p. 39.

[85] Quanto ao conceito de tribunal, PAULO RANGEL relembra-nos que «*[...] um órgão não se volverá [...] num «tribunal» pelo facto singelo de lhe ter sido confiada uma competência ou um feixe de competências de natureza*

O DEVER DE REVELAÇÃO COMO PROBLEMA DE INDEPENDÊNCIA [...]

totalmente independentes dos demais. Aos tribunais é então reconhecido o exercício da função jurisdicional[86], conforme prevê o art. 202.º, n.º 1 da CRP, o que equivale dizer que se permite que cada tribunal faça justiça em nome e representação do Estado. Deste modo, falamos da garantia máxima da administração da justiça[87] em nome do (e para o) povo[88], como refere o n.º 2 do mesmo artigo, decorrência do livre acesso ao direito e à tutela jurisdicional efetiva (art. 20.º da CRP).

i. Os tribunais arbitrais como «*verdadeiros tribunais*»

A revisão constitucional de 1982[89] passou a admitir explicitamente a existência de tribunais arbitrais[90]. Atualmente, a redação do art. 209.º,

---

(*materialmente*) *jurisdicional [...]»*, impondo-se que os tribunais sejam dotados de independência (*vide Ob. cit.*, pp. 280-281).

[86] Cfr. GOMES CANOTILHO e VITAL MOREIRA, *Ob. cit.*, p. 41.

[87] Cfr. GOMES CANOTILHO, *Ob. cit.*, p. 654; CARLOS FRAGA, *Subsídios para a Independência dos Juízes – O Caso Português*, 2000, pp. 45-46.

[88] GOMES CANOTILHO e VITAL MOREIRA afirmam que «*[...] a função de dizer o direito em nome do povo é atribuída, pela CRP, aos tribunais [...]»* e que «*[...] os juízes poderão ser chamados a praticar atos materialmente jurisdicionais [...] vinculados a certos princípios (independência, legalidade e imparcialidade).*» (*vide Ob. cit.*, pp. 508-509).

[89] Lei n.º 1/82, de 30 de setembro (art. 212.º, n.º 2).

[90] Sobre a consagração constitucional da arbitragem na CRP, veja-se ANTÓNIO PEDRO PINTO MONTEIRO, *O Princípio...*, pp. 170-171.

n.º 2 da CRP, veio alargar expressamente o leque de tribunais que, de uma forma privada, são legitimados a exercer a função que um tribunal *tradicional* pode desempenhar. À luz deste artigo, aos tribunais arbitrais é reconhecido[91], ainda que com reservas por parte de alguns autores[92], o exercício da atividade jurisdicional, quebrando-se a ideia de monopólio estatal e ignorando-se a conceção de que existem unicamente tribunais estatais capazes de o fazer[93]. Desta feita, admite-se que os tribunais arbitrais e os árbitros exerçam uma função jurisdicional, sendo que é nessa precisa funcionalidade que se centra, para alguns autores, a natureza jurídica da arbitragem[94].

---

[91] Cfr. PEDRO GONÇALVES, *Ob. cit.*, p. 565; JORGE MIRANDA e RUI MEDEIROS, *Constituição Portuguesa Anotada*, 2007, pp. 17-18; ANTÓNIO SAMPAIO CARAMELO, *Temas...*, pp. 214-215.

[92] JOÃO CHUMBINHO considera que faz sentido os tribunais arbitrais terem esta qualificação por estarem previstos na CRP como tal, bem como pelo facto de lhes ser reconhecida a função jurisdicional (*vide A Constituição e Independência dos Tribunais*, 2009, pp. 98-99). Na mesma lógica, GOMES CANOTILHO e VITAL MOREIRA defendem que «*A Constituição dá abertura à institucionalização de instrumentos e formas de composição não jurisdicional de conflitos [...]. Não está em causa a privatização da função jurisdicional [...] mas sim a cooperação do Estado com os particulares no âmbito do exercício da função jurisdicional da arbitragem [...]*» (*vide Ob. cit.*, pp. 25 e 507).

[93] Cfr. PEDRO PINA, *Ob. cit.*, p. 13; ARTUR FLAMÍNIO DA SILVA, *A Resolução...*, p. 337; ANTÓNIO PEDRO PINTO MONTEIRO, *O Princípio...*, p. 175.

[94] JORGE MIRANDA e RUI MEDEIROS afirmam, numa anotação ao artigo 202.º da CRP, que «*[...] a arbitragem corresponde [...] a um*

O DEVER DE REVELAÇÃO COMO PROBLEMA DE INDEPENDÊNCIA [...]

É, portanto, indiscutível que os tribunais arbitrais são considerados *verdadeiros tribunais*[95], até porque também eles ficam responsáveis pela administração da justiça, função que só um verdadeiro tribunal pode desempenhar. Para o efeito, os tribunais arbitrais ficam incumbidos de «*[...] promover e gerir uma (pequena) organização destinada a apoiar a decisão final*»[96], não obstante ter-se sempre presente que todo o apoio estrutural e organizacional em que estão inseridos é muito mais escasso em comparação com os tribunais estaduais[97], devendo os árbitros suprir essas falhas da forma mais eficaz possível[98] e tentar oferecer «*[...] garantias equivalentes às de um tribunal estadual*»[99].

---

instrumento de composição jurisdicional de conflitos [...]» (*vide Ob. cit.*, p. 34).

[95] Não obstante, de acordo com o Ac. n.º 230/86 do TC, de 12 de setembro de 1986, em certos aspetos «*[...] os tribunais arbitrais não são tribunais como os outros [...]*». Veja-se, também, o Ac. n.º 240/13.2YHL-SB.L1-8 do TRL, de 12 de dezembro de 2013 e, por fim, o Ac. n.º 581/16.7YRLSB.-1 do TRL, de 13 de setembro de 2016, onde se afirma que «*[...] os tribunais arbitrais são verdadeiros e próprios tribunais, na condição de que seja respeitada a reserva de jurisdição constitucionalmente consagrada [...] e se garantam a independência, a imparcialidade e o julgamento segundo o processo equitativo [...]*».

[96] Cfr. ANTÓNIO MENEZES CORDEIRO, *Ob. cit.*, p. 130.

[97] Repare-se que, em arbitragem institucionalizada, as partes ficam vinculadas às regras e a todo o suporte administrativo existente em cada instituição arbitral, o que não acontece em arbitragem doméstica (*vide* MARIANA FRANÇA GOUVEIA, *Curso...*, p. 123).

[98] Cfr. PEDRO GONÇALVES, *Ob. cit.*, p. 566.

[99] Cfr. ARTUR FLAMÍNIO DA SILVA, *A Resolução...*, p. 343.

ii. Principais diferenças entre os tribunais arbitrais e estaduais

A arbitragem, enquanto método de resolução de litígios mais célere e menos dispendioso, pode ser encarada como uma forte alternativa à instância judicial, uma vez que ambos os meios julgam os litígios de forma vinculativa para as partes[100]. Assim, não obstante admitir-se a coexistência da jurisdição arbitral e estatal, sobressaem algumas diferenças entre elas[101]: inicialmente, pelo tão já explorado facto de a arbitragem se fundamentar num acordo[102] entre as partes contraentes[103]. Ao invés, num processo judicial, os tribunais estaduais – tal como os magistrados judiciais –, estão integrados num sistema judiciário[104]

---

[100] JOSÉ MIGUEL JÚDICE adianta que *«[...] A diferença e vantagem específica desta opção "judicial-contratual" sobre a "judicial-estatal" apenas se pode encontrar na (pressuposta) melhor preparação e experiência de árbitros [...] em que os aspetos substantivos prevaleçam mais sobre os formais [...].»* (vide «Arbitragem...», p. 2).

[101] Cfr. MANUEL PEREIRA BARROCAS, *Manual...*, p. 36. PEDRO MARTÍNEZ GONZÁLEZ considera que *«[...] el proceso arbitral no es un procedimiento de rango inferior al judicial, sino distinto [...].»* (vide *Ob. cit.*, p. 17). Veja-se, também, GARY BORN, *Ob. cit.*, p. 2125 e ss.

[102] Nas felizes palavras de ANTÓNIO PEDRO PINTO MONTEIRO, *«[...] os tribunais arbitrais são, justamente, criados em conformidade com a convenção de arbitragem [...] que constitui a fonte dos seus poderes e delimita o âmbito da respetiva competência, aproximando os interessados das soluções [...] as partes, no fundo, têm o processo arbitral que quiserem [...].»* (vide «Da ordem...», p. 592).

[103] Cfr. GOMES CANOTILHO e VITAL MOREIRA, *Ob. cit.*, p. 550.

[104] Neste sentido, *«National courts could exist without arbitration, but arbitration could not exist without the courts»* (vide NIGEL BLACKABY, et. al., *Ob. cit.*, p. 415).

O DEVER DE REVELAÇÃO COMO PROBLEMA DE INDEPENDÊNCIA [...]

e são sustentados, ainda que com autonomia, pelo Estado[105]. Por outras palavras, «*[...] o Estado partilha a jurisdictio, mas não o imperium [...]*»[106], dado que o juiz vê o seu *potestas* fundamentado e limitado pelo Estado[107], à semelhança dos tribunais estaduais que se encontram integrados na organização judiciária do Estado e são apoiados por este.

Por conseguinte, o árbitro apenas detém a *auctoritas*: primeiramente pelo facto de a CRP prever a existência de tribunais arbitrais, mas também por existir uma convenção de arbitragem que lhe confere esse poder jurisdicional próprio da sua função de julgador, só o podendo exercer sobre as partes contraentes da convenção. Para além de o árbitro se encontrar, naturalmente, vinculado à lei (tal como os juízes), este também vê a sua atuação ser limitada pelos poderes que lhe são conferidos pelas partes, que se encontram expressamente refletidos na convenção arbitral. Por isso é que, por vezes, se torna improdutivo enumerar de forma exaustiva as particularidades dos árbitros em relação aos juízes[108], pois a própria convenção elaborada pelas partes é

---

[105] Cfr., por todos, MANUEL HENRIQUE MESQUITA, *Ob. cit.*, pp. 1382-1385; PEDRO GONÇALVES, *Ob. cit.*, p. 565; MANUEL PEREIRA BARROCAS, «Poderes do Árbitro. Extensão e Limites», 2015, pp. 152-153.

[106] Cfr. ANTÓNIO PEDRO PINTO MONTEIRO, *O Princípio...*, pp. 181-182.

[107] Cfr. ALAN REDFERN e MARTIN HUNTER, *Ob. cit.*, p. 199.

[108] Cfr. MANUEL PEREIRA BARROCAS, «Poderes...», pp. 148-149.

essencial no balizamento dos poderes que aqueles podem deter no processo[109].

Ademais, o campo de atuação do árbitro acaba por ser inevitavelmente mais restrito pelo facto de só poderem ser julgados em sede arbitral os direitos patrimoniais[110], não fosse o requisito primeiro da arbitragem a natureza patrimonial mitigada pela disponibilidade do direito[111], como plasma o art. 1.º da LAV. Destarte, os tribunais arbitrais ficam impedidos de julgar matérias que estejam reservadas aos tribunais estatais por razões de interesse público[112], cabendo essa gestão aos órgãos de cada Estado[113].

Por último, num tribunal estadual as partes não têm qualquer interferência na designação do juiz, nem tão pouco na escolha das regras processuais,

---

[109] Cfr. THOMAS CLAY, *Ob. cit.*, p. 435; GARY BORN, *Ob. cit.*, p. 1986.

[110] MANUEL HENRIQUE MESQUITA considera que, sendo os árbitros juízes privados, a sua competência torna-se muito mais limitada, dispondo apenas de competência para *«[...] celebrar livremente negócios jurídicos [...]» (vide Ob. cit.*, p. 1382). Ainda relativamente à competência dos árbitros, leia-se BERNARDO REIS, «O Estatuto...», p. 16.

[111] Cfr. LUÍS DE LIMA PINHEIRO, *Arbitragem...*, p. 105; PAULA COSTA E SILVA, *A Nova...*, pp. 85-87; MARIANA FRANÇA GOUVEIA, *Curso...*, p. 135; ANTÓNIO MENEZES CORDEIRO, *Ob. cit.*, p. 93.

[112] Veja-se a exceção plasmada no art. 180.º do CPTA, entre outras.

[113] Cfr. MANUEL PEREIRA BARROCAS, *Manual...*, p. 50. GOMES CANOTILHO e VITAL MOREIRA afirmam que *«[...] a dimensão dos tribunais arbitrais justifica restrições à sua "jurisdicionalidade" [...]»*, exemplificando algumas das áreas onde os tribunais não são considerados competentes: *«[...] ilegitimidade da ação executiva [...], causas de natureza híbrida ou mista [...], inidoneidade para imposição de meios coercivos [...]» (vide Ob. cit.*, p. 551).

contrariamente àquilo que acontece em arbitragem, onde se possibilita que as partes participem na definição das regras pela qual se deve reger todo o processo e, acima de tudo, designem os *juízes privados* que formam o seu tribunal arbitral.

iii. Tribunais arbitrais e estaduais: relação de rivalidade ou cooperação?

É inegável que os tribunais estatais exercem alguns poderes que lhes permitem controlar a atividade jurisdicional levada a cabo pelos tribunais arbitrais[114], independentemente de se reconhecer à jurisdição arbitral cada vez mais garantias de independência e autossuficiência na administração da justiça, só podendo o tribunal estadual intervir quando a lei o permita (art. 19.º da LAV)[115].

Para o efeito, segundo as disposições da LAV, denotamos que é dada aos tribunais estatais a faculdade de julgarem os pedidos de anulação das sentenças

[114] Cfr. JOÃO RAPOSO, «A Intervenção do Tribunal Judicial na Arbitragem: Nomeação de Árbitros e Produção de Prova», 2007, pp. 111-112; PAULA COSTA E SILVA, *A Nova...*, p. 86; ANTÓNIO SANTOS ABRANTES GERALDES, «Assistência e Cooperação dos Tribunais Judiciais aos Arbitrais, em especial na produção de provas», 2015, p. 43 e ss.

[115] Cfr. MANUEL PEREIRA BARROCAS, «A razão por que não são aplicáveis à arbitragem nem os princípios nem o regime do processo civil», 2015, p. 628 e ss.

arbitrais[116] ou os recursos, quando os mesmos estejam previstos (arts. 39.º, n.º 4 e 59.º, n.º 1, al. e))[117], bem como de apreciarem a nulidade da convenção arbitral, conforme prevê o art. 5.º, n.º 1[118]. Note-se que, para alguns autores, é na análise dos meios de impugnação das sentenças arbitrais que se mede a autonomia (ou falta dela) do tribunal arbitral[119].

De seguida, o tribunal estadual tem também a faculdade de apreciar a decisão interlocutória relativa à competência do próprio tribunal arbitral (art. 18.º, n.º 9), tal como o poder de executar as sentenças arbitrais (art. 59.º, n.º 9), dado que os árbitros

---

[116] Normalmente este poder-dever cabe ao TR, mas pode o TCA ter de intervir, segundo o art. 59.º, n.ºs 1 e 2 da LAV.

[117] Cfr., por exemplo, LUÍS DE LIMA PINHEIRO, «Recurso e Anulação da Decisão Arbitral: Admissibilidade, Fundamentos e Consequências», 2007, p. 182 e ss.; MARIANA FRANÇA GOUVEIA, *Curso...*, pp. 297-299; ANTÓNIO SANTOS ABRANTES GERALDES, *Ob. cit.*, p. 58 e ss.

[118] Ainda quanto a este respeito, cabe-nos referir que as decisões arbitrais podem ser alvo de objeto de recurso para o TC, caso contrário qualquer parte poderia recorrer à jurisdição arbitral para não estar sujeito à fiscalização constitucional (*vide* ANTÓNIO PEDRO PINTO MONTEIRO, «Do Recurso...», p. 193; ARMINDO RIBEIRO MENDES, «Os Tribunais...», p. 63).

[119] Como refere PAULA COSTA E SILVA, «*[...] de pouco servirá afirmar a autonomização do tribunal arbitral relativamente ao judicial se essa autonomia se restringe apenas ao decurso da instância arbitral. [...]*». Por outras palavras, tornam-se infrutíferos os esforços legislativos de autonomização do tribunal arbitral se for dada a hipótese ao tribunal estadual de controlar, continuamente, as decisões proferidas pelos tribunais arbitrais (*vide* «Anulação...», pp. 893-894).

O DEVER DE REVELAÇÃO COMO PROBLEMA DE INDEPENDÊNCIA [...]

não integram os órgãos estatais e, por isso, não dispõem de *ius imperii*[120] (o tribunal assume plena competência declarativa[121], mas não executiva[122]). Nesta esteira, as decisões que sejam tomadas por um tribunal arbitral terão sempre de ser executadas por um tribunal estatal na eventualidade de não serem espontaneamente cumpridas. É precisamente neste ponto que se requer a cooperação da jurisdição estadual para que esta exerça força pública a fim de a decisão arbitral ser integralmente cumprida pelo executado (art. 47.º)[123].

A par destas capacidades, o tribunal estatal detém o poder de ordenar que seja produzida prova

---

[120] MANUEL HENRIQUE MESQUITA relembra-nos que os árbitros «*[...] não são órgãos estaduais e não participam, portanto, do ius imperii [...]*», dispondo apenas de poderes declarativos ou decisórios (*vide Ob. cit.*, pp. 1382-1385).

[121] Cfr. PAULA COSTA E SILVA, *A Nova...*, p. 94.

[122] MARIANA FRANÇA GOUVEIA chama-nos a atenção para o facto de, independentemente de não ser reconhecida competência executiva aos tribunais arbitrais, tal não significa que estes não possam proferir decisões executáveis pois, desse modo, estar-se-ia a anular praticamente toda a competência decisória dos tribunais arbitrais e a pôr em causa o preceito da própria lei, que reconhece força executória às decisões arbitrais e a às providências cautelares por eles decretadas (*vide Curso...*, p. 219). Cfr. ANTÓNIO SANTOS ABRANTES GERALDES, *Ob. cit.*, p. 60.

[123] Contudo, o tribunal arbitral detém a capacidade de decretar providências cautelares, como prevê o art. 20.º (sobre este tema, veja-se ANTÓNIO SAMPAIO CARAMELO, *Temas...*, p. 221 e ss.; MARIANA FRANÇA GOUVEIA, *Curso...*, p. 208 e ss.; ANTÓNIO MENEZES CORDEIRO, *Ob. cit.*, pp. 124-125).

em sede judicial, na hipótese de uma das partes (ou mesmo terceiros) não colaborar na obtenção de prova (art. 38.º)[124].

Adiante, é lhes dada a capacidade de reverem e confirmarem a validação das sentenças arbitrais estrangeiras, conforme ditam os arts. 55.º da LAV, 978.º, n.º 1 do CPC e V da CNI, sendo que as decisões sobre direitos privados proferidos por tribunais estrangeiros só têm eficácia em Portugal se se revelarem revistas e confirmadas por um tribunal português.

Ao tribunal estadual cabe, também, a função de nomear supletivamente o presidente do tribunal arbitral e os respetivos árbitros (art. 10.º, n.os 2 e 4 da LAV). Trata-se, desta feita, de uma função de colaboração que só se concretiza se as partes não decidirem por si qual a constituição do tribunal arbitral[125].

Pese embora o tribunal arbitral e estadual sejam tribunais diferentes e independentes, não é questionável que existe uma interdependência material entre ambas as jurisdições, consequência da função que ambas exercem[126]. A relação entre os tribunais

---

[124] Cfr. JOÃO RAPOSO, *Ob. cit.*, p. 121; ANTÓNIO SANTOS ABRANTES GERALDES, *Ob. cit.*, p. 44 e ss.

[125] Cfr. JOÃO RAPOSO, *Ob. cit.*, p. 112 e ss.; ANTÓNIO SANTOS ABRANTES GERALDES, *Ob. cit.*, p. 53.

[126] Cfr. ANTÓNIO SAMPAIO CARAMELO, «Anulação...», p. 156; ANTÓNIO HENRIQUES GASPAR, «Tribunais Arbitrais e Tribunais Estaduais», 2015, p. 117. Ainda sobre esta questão, ARMINDO RIBEIRO MENDES refere que *«[...] a autonomia da jurisdição arbitral*

O DEVER DE REVELAÇÃO COMO PROBLEMA DE INDEPENDÊNCIA [...]

pauta-se, por isso, pela complementaridade[127], uma vez que ambas as jurisdições se encontram constitucionalmente previstas, pelo que «*[...] a justiça arbitral acolhe e assume necessariamente princípios matriciais da justiça estadual [...]»*[128].

Nesta senda, é legalmente legítima a intervenção dos tribunais estatais no processo arbitral, ainda que casualmente, controlando-os e auxiliando-os de forma a garantir o sucesso do mesmo[129], especialmente no que diz respeito à apreciação da anulação da sentença arbitral que se revela, no fundo, «*[...] uma condição necessária da sua equiparação à sentença pública à sentença de um tribunal estadual [...]»*[130].

Nada obstante, tem-se assistido à crescente autonomização do tribunal arbitral face ao estadual e, consequentemente, à progressiva restrição da intervenção do tribunal estadual – que tem vindo a funcionar cada vez mais como um mero mecanismo de

---

perante a jurisdição estatal não pode afetar a função jurisdicional que ambas exercem.» (vide «Os Tribunais...», p. 58).

[127] Como reconhece ARTUR FLAMÍNIO DA SILVA, «*[...] nesta responsabilidade estadual [...] se estabelece o fundamento de uma relação de colaboração entre a jurisdição estadual e a jurisdição arbitral que torna insustentável falar numa total independência da segunda em relação à primeira», uma vez que «[...] o Estado não se demite do seu papel de garante último da realização da justiça [...]» (vide A Resolução..., pp. 344-345).*

[128] Cfr. ANTÓNIO HENRIQUES GASPAR, *Ob. cit.*, p. 115.

[129] Cfr. MANUEL PEREIRA BARROCAS, *Manual...*, p. 264; MARIANA FRANÇA GOUVEIA, *Curso...*, p. 32.

[130] Cfr. ANTÓNIO PEDRO PINTO MONTEIRO, *O Princípio...*, pp. 184-185.

controlo e segurança da jurisdição arbitral[131] (o que se pode confirmar, nomeadamente, pelo princípio da definitividade das sentenças arbitrais)[132] –, acentuando-se a confiança depositada neste meio[133].

Face ao exposto neste capítulo, realçamos o facto de não existir uma total equiparação entre os tribunais estaduais e arbitrais, nem tão pouco entre o árbitro e o juiz: o que importa reter é que o reconhecimento dos tribunais arbitrais como verdadeiros tribunais não implica que estes passem a integrar o núcleo dos órgãos soberanos do Estado. Os tribunais arbitrais continuam a diferenciar-se destes pois, de entre outras especificidades já analisadas, a existência de uma instância arbitral depende, *a priori*, do exercício de autonomia das partes[134], para além de previsão legal e constitucional.

[131] Podemos concluir que a relação entre ambas as jurisdições *«[...] swings between forced cohabitation and true partnership [...]»* (*vide* NIGEL BLACKABY, *et. al.*, *Ob. cit.*, p. 415).

[132] Cfr. FRANCISCO CORTEZ, *Ob. cit.*, p. 544. Um dos aspetos-chave da *libertação* do tribunal arbitral prende-se com a adoção do princípio da definitividade da sentença, tornando-se mais complicado o processo de alteração de uma decisão proferida por um tribunal arbitral.

[133] Cfr. J. LIEVENS, «Le juge et l'arbitre. Le contrôle de la sentence par le juge», 1993, p. 47. Nas palavras de ANTÓNIO HENRIQUES GASPAR, *«A justiça estadual poderá recolher da justiça arbitral [...] modos rigorosos de abordagem, a qualidade da construção metodológica e da substância das decisões [...]»* (*vide Ob. cit.*, pp. 116-117).

[134] GOMES CANOTILHO e VITAL MOREIRA reforçam precisamente esta ideia quando afirmam que *«Sem integrar a função jurisdicional, a arbitragem afasta-se da recondução dos mecanismos jurisdicionais arbitrais à simples lógica contratual.»* (*vide Ob. cit.*, p. 507).

2. O árbitro: um julgador tão legítimo quanto um juiz?

Uma vez analisada a posição que os tribunais arbitrais ocupam no nosso ordenamento, afigura-se essencial percebemos a dinâmica existente entre os árbitros e os juízes. À partida, afirmar-se que a figura do árbitro equivale à de um juiz parece-nos uma conclusão precipitada, uma vez que o fundamento do respetivo poder, bem como as competências e responsabilidades de ambos, não são iguais[135]: para além do facto de os árbitros serem escolhidos pelas partes (art. 10.º, n.º 1 da LAV), a liberdade que um árbitro dispõe na condução do processo supera (e muito) a de um juiz[136] (apesar de se ter vindo a reconhecer aos juízes mais autonomia, consequência do dever de gestão processual plasmado nos arts. 6.º e 547.º do CPC)[137]. Tal não se explica pela

---

[135] Cfr. JOSÉ MIGUEL JÚDICE, «A Constituição do Tribunal Arbitral: Características, Perfis e Poderes dos Árbitros», 2008, pp. 104 e 112; MANUEL PEREIRA BARROCAS, «Poderes...», p. 146; JOSÉ MIGUEL JÚDICE e DIOGO CALADO, «Independência e imparcialidade do árbitro: alguns aspetos polêmicos, em uma visão luso-brasileira», 2016, p. 40.

[136] Na opinião de JOSÉ MIGUEL JÚDICE, *«[...] a LAV dá manifestamente muito maior latitude aos árbitros do que aos juízes para a conformação das regras processuais [...]»*. Refere ainda o autor que esta política suscita consequências naturais como o aumento de arbitragens *ad hoc* em detrimento de arbitragens institucionalizadas, tal como o recurso ao processo arbitral como uma simples consequência da morosidade da justiça estatal, entre outras (*vide* «A constituição...», pp. 106-107).

[137] Cfr. MARIANA FRANÇA GOUVEIA, *Curso...*, p. 235.

OS TRIBUNAIS ARBITRAIS COMO «*VERDADEIROS TRIBUNAIS*»

atividade que ambos exercem[138], mas antes pela natureza peculiar de cada processo – sendo a arbitragem mais flexível e, em alguns casos, mais informal –, que em nada se assemelha. Todavia, como em breve analisaremos, no que diz respeito aos deveres a que ambos estão sujeitos o panorama é (e tem de ser) idêntico, não fossem ambos responsáveis pelo desempenho da atividade jurisdicional[139] em moldes constitucionalmente previstos, cujos efeitos das decisões que proferem são, como referido inicialmente, equivalentes (art. 42.º, n.º 7 da LAV)[140].

Em suma, podemos concluir que o exercício da administração da justiça pelos árbitros depende, inicialmente, do reconhecimento constitucional da existência da categoria de tribunais arbitrais, apresentando-se como fonte primária da competência dos árbitros. Se por hipótese os tribunais arbitrais não fossem fundamentados por uma cobertura legal e constitucional, os árbitros não detinham qualquer capacidade decisória[141].

---

[138] Cfr. NUNO SALAZAR CASANOVA, «Reflexões Práticas sobre a Ética na Arbitragem. Uma Introdução ao Tema», 2013, p. 63.

[139] Cfr. BERNARDO REIS, «O Estatuto...», p. 28.

[140] AUGUSTO LOPES CARDOSO menciona algumas das diferenças das sentenças arbitrais face às sentenças proferidas em sede judicial, nomeadamente o facto de as primeiras só poderem ser anuladas em sede judicial e só admitirem recurso perante os tribunais estatais (*vide Ob. cit.*, p. 33). Relativamente a este tema, veja-se PAULA COSTA E SILVA, *A Nova...*, p. 40 e ss.; JORGE MORAIS CARVALHO, *Ob. cit.*, p. 753.

[141] Como ensina MARIANA FRANÇA GOUVEIA «*[...] o desempenho dessas funções com independência e imparcialidade, que é como quem diz com*

O DEVER DE REVELAÇÃO COMO PROBLEMA DE INDEPENDÊNCIA [...]

i. Princípios constitucionais inerentes à função jurisdicional

Neste ponto não pretendemos desenvolver com detalhe o estatuto dos juízes – que à semelhança do que acontece com o estatuto do árbitro se encontra redigido de forma pouco concretizada[142] –, mas antes abordar os princípios mais importantes que devem pautar a sua conduta[143].

Numa primeira abordagem, vimos que a qualificação dos tribunais como órgãos soberanos reflete a ideia de independência face aos restantes órgãos[144] (arts. 203.º da CRP e 4.º do EMJ)[145]. A independência é, portanto, um princípio constitucional reconhecido a qualquer tribunal (e, naturalmente, a qualquer juiz)[146]. Este princípio basilar reflete um *status* que garante a eficácia do sistema de justiça e legitima o

integridade e seriedade, permite que o Estado valide estes exercícios privados de jurisdição. Pense-se, por exemplo, como é inaceitável um juiz de parte. [...]» (vide Curso..., p. 203). No mesmo sentido ANTÓNIO MENEZES CORDEIRO, *Ob. cit.*, p. 137.

[142] Cfr. GOMES CANOTILHO e VITAL MOREIRA, *Ob. cit.*, p. 580 e ss.

[143] Sobre o estatuto do juiz leia-se, entre outros, GOMES CANOTILHO, *Ob. cit.*, p. 658 e ss.; PAULO RANGEL, *Ob. cit.*, p. 58 e ss.; CARLOS FRAGA, *Sobre a Independência dos Juízes e Magistrados*, 2003, p. 18 e ss.; JOÃO CHUMBINHO, *Ob. cit.*, p. 79 e ss.

[144] Cfr. GOMES CANOTILHO e VITAL MOREIRA, *Ob. cit.*, p. 25.

[145] Cfr. GOMES CANOTILHO, *Ob. cit.*, pp. 513 e 657; CARLOS FRAGA, *Subsídios...*, p. 44.

[146] Cfr. JORGE MIRANDA e RUI MEDEIROS, *Ob. cit.*, pp. 37-38; GOMES CANOTILHO e VITAL MOREIRA, *Ob. cit.*, p. 21.

OS TRIBUNAIS ARBITRAIS COMO «*VERDADEIROS TRIBUNAIS*»

poder-dever de julgar reconhecido aos magistrados judiciais, permitindo-se apenas que as decisões proferidas por estes possam ser revistas (e, se assim se justificar, alteradas) em sede de recurso[147] (*independência interna*[148]).

Também se tem por independente o juiz que desempenhe a sua atividade jurisdicional de forma autónoma e livre de intromissões por parte de, por exemplo, outros órgãos do Estado[149], não podendo nenhum juiz estar sujeito a quaisquer ordens ou recomendações de terceiros, tal como explicita o princípio da separação de poderes (*independência orgânica*)[150]. Ressalve-se, contudo, que a autonomia dos juízes não lhes permite atuar de forma discricionária, pois estes encontram-se vinculados (exclusivamente) à lei. É, aliás, nesta premissa que se alicerça toda a independência de qualquer julgador[151].

---

[147] CARLOS FRAGA refere que «*[...] as decisões judiciais não estão sujeitas à fiscalização dos outros poderes do Estado*» . O autor rejeita a ideia de hierarquia entre tribunais, defendendo antes a possibilidade de uma revisibilidade de atos jurisdicionais, uma vez que não considera (e de forma certeira, a nosso ver) compatível falar-se em independência do juiz e hierarquia de tribunais. Adianta, por exemplo, que o facto de a CRP qualificar o STJ como um órgão superior, no seu art. 210.º, n.º 1, se trata de um verdadeiro «*lapso*» (*vide Sobre...*, pp. 20-21).

[148] Cfr. JOÃO CHUMBINHO, *Ob. cit.*, p. 163.

[149] Cfr. JORGE MIRANDA e RUI MEDEIROS, *Ob. cit.*, pp. 40-41.

[150] Cfr. CARLOS FRAGA, *Sobre...*, pp. 24-25.

[151] PERFECTO ANDRÉS IBÁÑEZ conclui que este dever «*Se trata de la profunda razón de ser de la judicial como función constitucional [...] el ejercicio de la jurisdicción constituye una actividad de naturaleza essencialmente*

O DEVER DE REVELAÇÃO COMO PROBLEMA DE INDEPENDÊNCIA [...]

Inerentemente ligado ao princípio da independência concretiza-se o princípio da imparcialidade[152], uma vez que «*[...] um juiz parcial é sempre um juiz dependente*»[153]. Deste modo, impõe-se que um juiz trate as partes de forma equitativa e se revele sempre indiferente à disputa e ao respetivo resultado[154], conforme prevê o referido art. 203.º da CRP[155].

Por último e muito sumariamente, cabe-nos fazer uma breve alusão às garantias da inamovibilidade[156] (arts. 216.º, n.º 1 da CRP e 6.º do EMJ) e da irresponsabilidade do juiz (arts. 216.º, n.º 2 da CRP e 5.º do EMJ). Estas garantias visam proteger o juiz de quaisquer consequências decorrentes da sua atuação[157],

---

cognoscitiva, no política, no representatativa [...] sujeta exclusivamente a la ley [...]» (*vide* «La Independencia Judicial Y Los Derechos del Juez», 2012, p. 49). Na mesma lógica, RAFAEL JIMÉNEZ ASENSIO refere que a imparcialidade surge para «*[...] garantizar ese principio de independencia, pero también con la finalidad de evitar la colusión de intereses que pueda estar en la raiz de una tacha de parcialidad del juez [...]*» (*vide* «Imparcialidad Judicial: Su Proyección sobre los Deberes (Código de Conducta) y Derechos Fundamentales del Juez», 2012, p. 30).

[152] BERNARDO REIS considera que este princípio se encontra previsto no art. 20.º da CRP (*vide* «O Estatuto...», p. 24). Em concordância, MIGUEL GALVÃO TELES, *Ob. cit.*, p. 271.

[153] Cfr. JOÃO CHUMBINHO, *Ob. cit.*, p. 168.

[154] Cfr. MIGUEL GALVÃO TELES, *Ob. cit.*, p. 259.

[155] Cfr. GOMES CANOTILHO, *Ob. cit.*, pp. 659-661; MÁRIO ESTEVES DE OLIVEIRA, *et. al.*, *Ob. cit.*, p. 126.

[156] Cfr., por todos, CARLOS FRAGA, *Subsídios...*, p. 60; PAULO RANGEL, *Ob. cit.*, pp. 51-55; JOSÉ MIGUEL JÚDICE, «A constituição...», p. 117 e ss.; JOÃO CHUMBINHO, *Ob. cit.*, pp. 164-166.

[157] Como entende MIGUEL GALVÃO TELES, «*[...] o juiz só pode ser responsabilizado ou por, intencionalmente, ter julgado por motivos outros que o*

embora não detenham qualquer carácter absoluto por não protegerem, naturalmente, decisões aleatórias e violadoras dos direitos fundamentais, assim como sentenças sem qualquer fundamento legal[158].

Deste modo, os juízes continuam a responder criminal, disciplinar e civilmente (caso haja danos decorrentes do exercício das suas funções jurisdicionais)[159]. É precisamente para este último caso que a irresponsabilidade dos juízes opera, sendo que, na hipótese de o cidadão querer reagir civilmente, ter de demandar o Estado (arts. 20, n.º 4 e 22.º da CRP), conforme preveem os arts. 9.º, n.º 4 da LAV e 1.º, n.ºs 1 e 3, 13.º e 14.º da Lei n.º 67/2007, de 31 de dezembro, na redação da Lei n.º 31/2008, de 17 de julho[160].

ii. O estatuto do árbitro na LAV

A abordagem e o estudo do papel dos árbitros, que padece de algumas semelhanças com o papel

---

de decidir corretamente em consciência, ou por violação de deveres [...] exteriores ao conteúdo da decisão [...]» (vide Ob. cit., p. 260).

[158] Nas palavras de GOMES CANOTILHO, «*A exigência da fundamentação das decisões [...] radica em três razões fundamentais: (1) controlo da administração da justiça; (2) exclusão do carácter voluntarístico e subjetivo do exercício da atividade jurisdicional [...]; (3) melhor estruturação dos eventuais recursos [...]» (vide Ob. cit., p. 663).*

[159] Cfr. MANUEL HENRIQUE MESQUITA, *Ob. cit.*, p. 1387.

[160] Cfr. MIGUEL GALVÃO TELES, *Ob. cit.*, p. 257; CARLOS FRAGA, *Sobre...*, p. 31 e ss.; GOMES CANOTILHO E VITAL MOREIRA, *Ob. cit.*, pp. 586-587.

O DEVER DE REVELAÇÃO COMO PROBLEMA DE INDEPENDÊNCIA [...]

dos juízes[161], leva-nos agora a analisar os princípios éticos que pautam o seu estatuto deontológico[162]: os princípios da *independência* e *imparcialidade*, ambos previstos no art. 9.º, n.º 3[163]. Repare-se que o tratamento desta matéria apresenta abordagens diversas consoante o ordenamento jurídico de cada país, uma vez que as leis nacionais não tutelam de forma pormenorizada este problema, nem mesmo os mais variados instrumentos internacionais, como é o caso da lei-modelo UNCITRAL[164].

Como mais tarde exploraremos, as exigências da independência e imparcialidade devem ser observadas ao longo de todo o processo e respeitadas por todos os árbitros intervenientes (incluindo

---

[161] Cfr. THOMAS CLAY, *Ob. cit.*, p. 235; MANUEL PEREIRA BARROCAS, *Lei de Arbitragem Comentada*, 2013, p. 55. Em sentido contrário, JOSÉ MIGUEL JÚDICE, «A constituição...», p. 113.

[162] Quanto às fontes do estatuto do árbitro, leia-se, a título de exemplo, FREDERICO GONÇALVES PEREIRA, *Ob. cit.*, pp. 161--163.

[163] Cfr. SELMA FERREIRA LEMES, «A independência e a imparcialidade do árbitro e o dever de revelação», 2010, p. 43 e ss.; AGOSTINHO PEREIRA DE MIRANDA, «Investir em virtude: o dever de revelação e processo de recusa do árbitro», 2013, p. 10 e ss. MÁRIO RAPOSO chama-nos a atenção para o facto de existirem sistemas onde se fala apenas num dos princípios (*vide* «Os Árbitros», p. 903). Veja-se, ainda, ANTÓNIO SAMPAIO CARAMELO, «O Estatuto...», p. 30.

[164] Cfr. KLAUS PETER BERGER, *Arbitration Interactive: A Case Study for Students and Practitioners,* 2002, pp. 142-144; JOSÉ MIGUEL JÚDICE, «A constituição...», p. 117 e ss.; PETER BINDER, *Ob. cit.*, p. 186; GARY BORN, *Ob. cit.*, pp. 1963-1965.

pelos árbitros nomeados pelas partes[165]), sendo intolerável qualquer desvio no seu cumprimento (art.
9.º, n.ºˢ 3 e 4).

A par destes requisitos e para além daqueles que
possam ser estipulados pelas partes, exige-se que
os árbitros sejam pessoas singulares[166], plenamente
capazes[167] (art. 9.º, n.º 1), competentes e que pautem
a sua conduta com bom-senso e respeito, de forma
a garantirem uma condução eficiente do processo
arbitral[168].

[165] KLAUS PETER BERGER defende que *«Today, it is generally
acknowledge in international arbitral doctrine that there is not separa-
te standard for party-appointed arbitrators [...]»* (*vide Ob. cit.*, p. 145);
MARIANA FRANÇA GOUVEIA, «O Dever...», p. 322; FREDERICO
GONÇALVES PEREIRA refere que *«[...] o árbitro [...] é escolhido pela
parte [...] e é evidente que ninguém escolhe um árbitro para que este se pronuncie
em sentido contrário à sua posição.»* (*vide Ob. cit.*, p. 166). Na perspetiva de
NIGEL BLACKABY, *et. al.*, *«There is now a presumption of neutrality for all
arbitrators, including party-appointed arbitrators [...]»* (*vide Ob. cit.*, p. 254).

[166] Não se admite que pessoas coletivas sejam árbitras dado o carácter
intuitu personae da função de julgar, para além de ser mais difícil o
controlo da isenção dos árbitros nesses casos (*vide* PEDRO ROMANO
MARTINEZ, «Análise do Vínculo Jurídico do Árbitro em Arbitragem
Voluntária *Ad-hoc*», 2005, p. 830).

[167] Cfr. FREDERICO GONÇALVES PEREIRA, *Ob. cit.*, p. 164;
GOMES CANOTILHO e VITAL MOREIRA, *Ob. cit.*, p. 550; MÁRIO
ESTEVES DE OLIVEIRA, *et. al.*, *Ob. cit.*, pp. 123-124.

[168] Cfr. AGOSTINHO PEREIRA DE MIRANDA, «O Estatu-
to...», p. 66; BERNARDO REIS, «O Estatuto...», p. 93 e ss.; NUNO
FERREIRA LOUSA, «A Escolha de Árbitros: A mais importante
decisão das partes numa arbitragem?», 2011, p. 21 e ss.; MANUEL
PEREIRA BARROCAS, «A ética...», p. 197; MARIANA FRANÇA
GOUVEIA, *Curso...*, p. 199.

No que diz respeito à definição dos princípios da independência e imparcialidade, têm sido feitos esforços para que se consiga fazer uma distinção clara entre estes dois conceitos, tanto a nível nacional como internacional. Para alguns autores esforços em vão[169], uma vez que admitem (certeiramente) que ambos os princípios se referem à mesma ideia[170] (que, em nossa perspetiva, se prende basicamente com a estrutura mental de cada árbitro e com a sua capacidade de distanciamento face à disputa e aos intervenientes ali em questão[171], visando-se apenas salvaguardar a equidistância do árbitro relativamente ao processo[172]).

Contudo, a ter de ser feita uma distinção entre os dois preceitos, parece-nos correto afirmar que o princípio da independência exige que um julgador não se submeta a quaisquer ordens provindas de entidades públicas, privadas ou de outros profissionais, às demais autoridades ou mesmo às partes, decidindo

---

[169] ALAN REDFERN e MARTIN HUNTER consideram que estes dois princípios raramente são referidos individualmente (*vide Ob. cit.*, p. 201).

[170] Partilhamos da perspetiva de MARIANA FRANÇA GOUVEIA quando defende que não faz sentido a distinção entre estes dois conceitos porque, para além de ser difícil diferenciar se estamos perante uma situação de parcialidade ou dependência, as consequências que se retiram dessa qualificação são as mesmas (*vide* «O Dever...», pp. 319-320).

[171] Cfr. ANTÓNIO MENEZES CORDEIRO, *Ob. cit.*, p. 155.

[172] Cfr. FOUCHARD, GAILLARD, GOLDMAN, *Ob. cit.*, p. 563; KLAUS PETER BERGER, *Ob. cit.*, p. 143; GARY BORN, *Ob. cit.*, p. 1775.

exclusivamente em concordância com a sua perspetiva e juízo (*dimensão externa*). Ademais, também
presume que os julgadores individualmente considerados se encontrem libertos de quaisquer pressões resultantes de interesses e juízos pessoais (ou de
terceiros), impondo-se uma atuação completamente
livre e autónoma na resolução do litígio (*dimensão
interna*)[173]. Note-se que a independência do árbitro
pode ser posta em causa não só pelas partes, mas
também pelos próprios árbitros ou advogados das
partes[174].

Por outro lado, surge-nos o princípio da imparcialidade. Muitas são as definições que este conceito
parece abarcar, mas julgamos que o aspeto-chave
deste princípio radica na equidistância que deve
existir entre o árbitro e o objeto ali em discussão,
bem como relativamente aos demais intervenientes[175]. No fundo, trata-se da ausência de preferên-
cia do árbitro pela parte (ou respetivos advogados)
ou pelo resultado, seja no plano jurídico ou pessoal.
Por outras palavras, um árbitro parcial é aquele que

[173] Nas palavras de PETER BINDER, «*[...] is a term that refers to the rela-
tionship between the arbitrator and the parties and indicates a prior or current
personal, social or business contact between them [...]*» (vide Ob. cit., p. 184).
[174] Cfr. MANUEL PEREIRA BARROCAS, *Lei...*, p. 56.
[175] NIGEL BLACKABY, *et. al.*, admitem que o princípio da imparcialidade se encontra relacionado com o aparecimento de «*[...] actual
or apparent bias of an arbitrator - either in favour of one of the parties, or in
relation to the issues in dispute. [...] a subjective and more abstract concept
than independence, in that it involves primarily a state of mind impartiality'
is.*» (vide Ob. cit., p. 255).

O DEVER DE REVELAÇÃO COMO PROBLEMA DE INDEPENDÊNCIA [...]

conduz o procedimento de forma injustificadamente favorável[176] a uma das partes[177].

Deste modo, nem os juízes nem os árbitros (ou qualquer profissional que esteja incumbido da função de julgar) se podem aliar a nenhuma das partes ou identificar-se com o objeto ali em discussão de

[176] Segundo FOUCHARD, GAILLARD, GOLDMAN, «*Arbitrators must satisfy various conditions in order to perform the functions of a judge [...] the most important requirements imposed on arbitrators are of a general nature: an arbitrator must be independent and impartial vis-à-vis the parties*» (*vide Ob. cit.*, p. 560).

[177] Pese embora as consequências jurídicas da falta de independência e imparcialidade sejam as mesmas, torna-se mais complexo o controlo da imparcialidade do árbitro em relação ao controlo da sua independência, considerando que a imparcialidade pressupõe uma dimensão mais abstrata e subjetiva. FOUCHARD, GAILLARD, GOLDMAN defendem que a imparcialidade «*[...] is more a mental state, which will necessarily be subjective*», uma vez que a independência é «*[...] a situation of fact or law, capable of objective verification*» (*vide Ob. cit.*, p. 563). Leia-se, ainda, MARIANA FRANÇA GOUVEIA, «O Dever...», p. 319. MANUEL PEREIRA BARROCAS admite que a independência se traduz numa «*[...] qualidade objetiva, expressa no facto de o árbitro não depender de ninguém e, em especial, de nenhuma das partes. A imparcialidade exprime-se num dado subjetivo: o árbitro não favorece ninguém: apenas aplica o Direito em face dos factos que se demonstrem.*» (*vide* «A ética...», pp. 192-194). Veja-se, também, FREDERICO GONÇALVES PEREIRA, *Ob. cit.*, p. 165; NUNO SALAZAR CASANOVA, *Ob. cit.*, pp. 64-65. No mesmo sentido, GARY BORN repara que «*[...] the fundamental purpose of the "impartiality" requirement is to ensure that the arbitrator is unbiased and fair-minded; [...] the "independence" requirement is to ensure that there are no connections, relations, or dealings between an arbitrator and the parties that would compromise the arbitrator's ability to be impartial; in that sense, the independence inquiry is an objective one, that demands the absence of factual connections or relations which are likely to result in subjective bias.*» (*vide Ob. cit.*, p. 1776).

forma a impedir uma condução isenta do processo, impondo-se, assim, um tratamento equitativo dos intervenientes no processo e uma tomada de decisão livre de quaisquer constrangimentos[178] (arts. 30.º, n.º 1, al. b) da LAV e 20.º, n.º 4 da CRP).

Para além destes, também se tem vindo a defender o requisito da neutralidade[179]: este é um princípio que se baseia na ausência de envolvimento, por parte de um julgador, do meio que o rodeia – muitas vezes alterado pelos meios de comunicação –, mas que pode afetar, ainda que inconscientemente, a sua visão sobre determinado assunto. Assim, e especialmente no domínio de arbitragens internacionais[180], esta questão pode levantar alguns problemas, o que já não acontecerá, à partida, em arbitragens domésticas porquanto os julgadores estarão num plano de igualdade com as partes, dado que tanto as partes como os árbitros se encontram sujeitos a uma conjuntura social, política e económica idêntica.

À semelhança do reconhecimento da garantia da irresponsabilidade dos juízes e estritamente ligado com a sua independência[181], também se tem vindo

---

[178] Cfr. PETER BINDER, *Ob. cit.*, p. 184; MANUEL PEREIRA BARROCAS, *Lei...*, p. 57; MARIANA FRANÇA GOUVEIA, *Curso...*, p. 204; ANTÓNIO MENEZES CORDEIRO, *Ob. cit.*, p. 135.

[179] ALAN REDFERN e MARTIN HUNTER consideram o requisito da neutralidade exclusivamente nos casos em que o árbitro é apontado pela parte (*vide Ob. cit.*, p. 201).

[180] Cfr. CARLOS CARMONA, «Em torno do árbitro», 2010, pp. 21-22.

[181] Cfr. BERNARDO REIS, «O Estatuto...», p. 17; PEDRO ROMANO MARTINEZ, *Ob. cit.*, p. 841.

O DEVER DE REVELAÇÃO COMO PROBLEMA DE INDEPENDÊNCIA [...]

a reconhecer esta garantia aos árbitros quanto ao exercício de atos jurisdicionais, partindo-se do pressuposto que «[...] *quem receasse represálias não poderia julgar serenamente*»[182]: com efeito, nenhum árbitro pode ser responsabilizado pelas decisões que profira (art. 9.º, n.º 4 da LAV). Verifica-se, portanto, uma equiparação do regime de responsabilidade do árbitro ao regime dos magistrados judiciais (ainda que unicamente quanto às responsabilidades por atos jurisdicionais[183]). Nestes termos, estes também podem vir a ser responsabilizados contratualmente quando violem obrigações não jurisdicionais, como analisaremos mais tarde.

Importa agora refletir se o cumprimento destes princípios é exigido de forma idêntica perante um juiz e um árbitro. Esta questão surge particularmente pelo facto de em arbitragem as partes poderem nomear livremente os árbitros, sendo que estes exercem simultaneamente, com frequência, outras funções a nível profissional, o que pode pressupor um complexo de relações pessoais e profissionais entre os árbitros e os restantes intervenientes mais difícil de controlar[184], ficando os árbitros expostos a uma

---

[182] Cfr. ANTÓNIO SAMPAIO CARAMELO, «O Estatuto...», p. 33.

[183] Cfr. PEDRO ROMANO MARTINEZ, «Constituição do tribunal arbitral e estatuto do árbitro», 2012, p. 227.

[184] AUGUSTO LOPES CARDOSO admite que existe uma relação de «[...] *manifesta confiança que subjaz e sobrepuja a escolha unilateral de uma pessoa para proceder ao julgamento de um litígio em que está o designante [...]*» (*vide Ob. cit.*, p. 38). MÁRIO RAPOSO entende esta possibilidade como um dos *mistérios* do processo arbitral (*vide* «Estatuto...», p. 529).

OS TRIBUNAIS ARBITRAIS COMO «*VERDADEIROS TRIBUNAIS*»

pressão acrescida em comparação com os magistrados judiciais[185].

Nesta perspetiva, «*[...] o sistema judicial está configurado para evitar, à partida, o nascimento de situações de facto e conflitos de interesses [...]*»[186], pressuposto primeiro do princípio da independência do tribunal e, especialmente, do juiz enquanto órgão soberano (por exemplo, veja-se a regra de o juiz estar impedido de desempenhar outros cargos profissionais, conforme estabelecem os arts. 216.º, n.º 3 da CRP e 13.º do EJM, contrariamente àquilo que acontece em arbitragem). Considerando que «*[...] os tribunais arbitrais são tribunais e os árbitros julgadores, as exigências de independência e imparcialidade são para estes transponíveis [...]*»[187], não se discute que, à semelhança dos magistrados judiciais, os árbitros ficam igualmente sujeitos ao cumprimento de valores deontológicos[188]. Defender-se outra coisa

---

[185] Cfr. MIGUEL GALVÃO TELES, *Ob. cit.*, pp. 261-262.

[186] NUNO SALAZAR CASANOVA também nos relembra que, como os árbitros são «*[...] remunerados individual e especificamente por cada processo arbitral [...]*», podem surgir questões éticas relativas à publicidade e angariação de nomeações para arbitrar processos (*vide Ob. cit.*, pp. 66-68).

[187] Cfr. MIGUEL GALVÃO TELES, *Ob. cit.*, p. 261.

[188] NUNO SALAZAR CASANOVA considera que, no domínio da arbitragem, a solução para evitar que se criem conflitos de interesses não passa pela adoção de um regime de incompatibilidades, impedimentos, suspeições – por se aproximar demasiado este meio ao sistema judicial –, nem deve ser adotado um aparelho de autorregulação da profissão, sob pena de serem criadas fontes de poder no seio dos árbitros. Assim, a solução terá de passar pela inclusão dos instrumentos de *soft-law*, como os códigos deontológicos (*vide Ob. cit.*, pp. 72-73).

O DEVER DE REVELAÇÃO COMO PROBLEMA DE INDEPENDÊNCIA [...]

seria, aliás, refutar o que temos vindo a defender ao longo deste trabalho, pondo-se seriamente em causa a constitucionalização dos tribunais arbitrais e o reconhecimento dos árbitros como *julgadores privados*[189]. Por outro lado, também deixaria de fazer qualquer sentido a possibilidade que é dada às partes de nomearem, cada uma, um árbitro para integrar o tribunal arbitral, tal como a exigência de uma atuação absolutamente isenta dos árbitros designados pelas partes, não obstante a natureza da sua nomeação.

Nesta esteira, o que nos parece inequívoco afirmar é que os mecanismos de controlo que existem em sede arbitral pecam por ser mais deficitários daqueles que existem na jurisdição estadual. Veja-se, por exemplo, as sanções a que um magistrado está sujeito quando viole algum dos deveres profissionais (art. 85.º do EMJ). Facilmente constatamos que o CSM pode dar início a um processo disciplinar contra um juiz (art. 110.º do EMJ), havendo o risco de culminar na suspensão do exercício do seu cargo ou mesmo na sua demissão, ficando, neste último caso, afastado definitivamente da sua profissão (art. 90.º, n.º 2 do EMJ).

Ora, em arbitragem, o controlo da atuação do árbitro opera-se essencialmente através do dever de revelação (art. 13.º da LAV) – um dever acrescido dos árbitros –, pese embora não se encontre redigido de forma cautelosa na lei, uma vez que não são dadas quaisquer orientações aos árbitros (nem às partes)

---

[189] No mesmo sentido, WALTER RECHBERGER, *Ob. cit.*, p. 1043.

relativamente às circunstâncias em que se exige o cumprimento deste dever[190] (podendo o árbitro, mesmo que inconscientemente, violar esta obrigação).

Atentemos agora numa situação hipotética em que as partes se deparem com uma omissão de revelação: após analisarmos a LAV, denotamos que não se encontram previstos, de forma evidente, quaisquer meios subsidiários de reação quando já tenham decorrido os prazos legais para se proceder ao pedido de anulação da sentença. Nestes casos, um árbitro poderia ser facilmente desresponsabilizado perante uma situação de violação do dever de revelação: ou porque as partes poderiam nunca vir a ter conhecimento do facto omisso ou porque a reação legal prevista contra a decisão proferida poderia tornar-se, rapidamente, intempestiva. É precisamente este o tema do último ponto deste trabalho.

Concluímos, assim, que os princípios constitucionalmente previstos no exercício da administração da justiça só têm efetiva concretização em sede arbitral se, inicialmente, o dever de revelação for cumprido. Tal significa que os princípios éticos do árbitro se aplicam de forma mitigada através do *disclosure*.

---

[190] Como nos relembra FREDERICO GONÇALVES PEREIRA, «[...] *o juiz constata a situação de impedimento ou suspeição num caso que lhe foi distribuído [...] colocando-se o problema de impedimento ou suspeição no momento em que o juiz já é titular do caso. Já a situação do árbitro é diferente: ele decide se pode ou não aceitar o caso e por isso grande parte das situações de ausência de imparcialidade e independência [...] colocam-se no momento prévio à aceitação ou concomitantemente com a decisão desta.*» (vide Ob. cit., p. 167).

O DEVER DE REVELAÇÃO COMO PROBLEMA DE INDEPENDÊNCIA [...]

3. Breves referências à constituição do tribunal arbitral

Interessa-nos agora esclarecer, abreviadamente, como se processa a constituição do tribunal arbitral[191]. Trata-se de um momento processual fulcral no qual é dado às partes o poder de delinear o processo, tendo em consideração as disposições da LAV sobre esta matéria[192], bem como os limites da ordem pública[193] e os princípios fundamentais do *due process*[194], consagrados no art. 30.º, n.º 1: referimo-nos especialmente aos princípios da *citação efetiva do processo* (al. a)), do *tratamento igualitário das partes* (al. b)) e do respeito pelo *contraditório* (al. c))[195].

Apesar de a LAV não prever expressamente um prazo para a constituição do tribunal arbitral[196], se observarmos os preceitos 10.º, n.os 4 e 5 e 12.º, n.º 2,

---

[191] A necessidade de se constituir o tribunal arbitral deve-se ao facto de este não se encontrar integrado num sistema judiciário, como nos relembram FOUCHARD, GAILLARD, GOLDMAN: «*[...] the arbitral tribunal is not part of an established organization or public service [...]*». Os autores esclarecem-nos que este é o momento processual que mais desafios traz: «*In both international and domestic arbitration, difficulties with the arbitral tribunal generally arise during its constitution. [...] whether resulting from a defective arbitration agreement or the attitude of the parties [...]*» (vide Ob. cit., p. 449).

[192] Cfr. LUÍS DE LIMA PINHEIRO, «Convenção...», p. 1095 e ss.

[193] Cfr. FOUCHARD, GAILLARD, GOLDMAN, Ob. cit., p. 451.

[194] Cfr. ANTÓNIO PEDRO PINTO MONTEIRO, «Da Ordem...», p. 619; PEDRO MARTÍNEZ GONZÁLEZ, Ob. cit., p. 13.

[195] Cfr. ANTÓNIO SAMPAIO CARAMELO, «Da condução...», p. 670 e ss.

[196] Cfr. JOÃO RAPOSO, Ob. cit., p. 114.

denotamos que cada parte dispõe de trinta dias para nomear um árbitro, tendo este que responder em quinze dias[197]. Destarte, só depois de o árbitro aceitar o cargo é que se diz constituído o tribunal arbitral, sejam tribunais singulares ou coletivos. É a partir deste momento que se começa a discutir verdadeiramente o problema e a contar o prazo para a sentença (art. 43.º)[198].

i. A definição das regras processuais

Na hipótese de estarmos perante arbitragens institucionalizadas, as partes ficam, em princípio, limitadas às regras previstas nos regulamentos de cada centro.

Porém, em arbitragens *ad-hoc*, sendo os tribunais arbitrais auto-organizados, são os seus intervenientes (as partes e, por vezes, os árbitros) que ditam os moldes em que o processo decorrerá, nomeadamente a escolha do sítio onde terá lugar a arbitragem (art. 31.º), o seu idioma (art. 32.º) e a definição das peças processuais que cada parte tem de apresentar[199], entre outros critérios.

---

[197] Cfr. MÁRIO ESTEVES DE OLIVEIRA, *et. al.*, *Ob. cit.*, pp. 149-150.

[198] Cfr. MÁRIO ESTEVES DE OLIVEIRA, *et. al.*, *Ob. cit.*, p. 115.

[199] No processo civil, por exemplo, as peças escritas podem ter de seguir critérios muito mais rígidos do que no processo arbitral. PEDRO MARTÍNEZ GONZÁLEZ afirma que *«[...] la ley de arbitraje es mucho más flexible, permitiendo a las partes [...] la modificación o ampliación de su demanda y contestación [...]» (vide Ob. cit.*, p. 89).

Neste sentido, recomenda-se que a previsão das regras seja feita num momento inicial de forma a garantir que não se está a violar nenhum princípio processual sem que o processo se encontre num estado muito avançado (podendo-se proceder, por exemplo, a uma reunião preliminar com vista a evitar vícios processuais). Legalmente, determina-se que essa escolha seja feita até ao momento em que se nomeia o primeiro árbitro que fará parte do processo (art. 30.º, n.º 2)[200].

A definição das regras pode consistir apenas na criação de um processo especificado ao caso ou na simples remissão para as regras pré-definidas de um centro de arbitragem, estando-se perante arbitragem institucionalizada ou não. Por conseguinte, cabe às partes aproveitar esta faculdade e colaborar de forma harmoniosa, caso contrário passa a ser o tribunal arbitral a definir as regras que considerar mais apropriadas (art. 30.º, n.º 3). No fundo, pretende-se que os intervenientes cheguem a um consenso sobre as regras mais adequadas a satisfazer as necessidades do caso, pensadas casuisticamente, visando dar segurança e flexibilidade ao processo.

ii. A nomeação dos árbitros

Não obstante ser a celebração da convenção arbitral o expoente máximo da autonomia das partes,

---

[200] Cfr. ANTÓNIO SAMPAIO CARAMELO, «Da Condução do Processo Arbitral – Comentário aos arts. 30.º a 38.º da Lei de Arbitragem Voluntária», 2013, pp. 676-677 e 685-691.

é também na fase da nomeação dos árbitros que os princípios da autonomia da vontade das partes[201] e da igualdade de armas têm efetiva aplicação[202]. Assim, a par da definição das regras processuais, as partes detêm «*[...] protagonismo na nomeação dos seus juízes[...]*»[203], como preveem os arts 8.º e 10.º da LAV[204]. Torna-se, portanto, imprescindível que ambas as partes integrem o processo de constituição do tribunal arbitral de forma equitativa[205], como dispõem os arts. 18.º da UNCITRAL e 30.º, n.º 1, al. b) da LAV.

Como veremos, se este momento não for acordado previamente na convenção arbitral ou se as partes não optarem por deixar essa função a um centro de arbitragem institucionalizada, é com a designação dos árbitros que se começam a sentir mais intensamente as suas divergências[206]. Nesta esteira, aconselha-se

---

[201] Cfr., por todos, PEDRO ROMANO MARTINEZ, «Análise...», p. 829 e ss.; PETER BINDER, *Ob. cit.*, p. 162 e ss.; ANTÓNIO SAMPAIO CARAMELO, «Da Condução...», p. 676 e ss.

[202] Cfr. PETER BINDER, *Ob. cit.*, p. 167; PEDRO ROMANO MARTINEZ, «Constituição...», pp. 222-226; ANTÓNIO DE MAGALHÃES CARDOSO e SARA NAZARÉ, «A Escolha dos Árbitros pelas Partes», 2015, pp. 12-15.

[203] Cfr. ANTÓNIO PEDRO PINTO MONTEIRO, *O Princípio...*, p. 29 e 98-100.

[204] Cfr. MANUEL PEREIRA BARROCAS, *Lei...*, p. 53; MÁRIO ESTEVES DE OLIVEIRA, *et. al.*, *Ob. cit.*, p. 141 e ss. Na correta perspetiva de ANTÓNIO MENEZES CORDEIRO, «*Apesar de o capítulo II da LAV se intitular "dos árbitros e do tribunal arbitral", não temos, nele, regras sobre o tribunal, a não ser o magro 8.º[...]*» (*vide Ob. cit.*, p. 130).

[205] Cfr. MARIANA FRANÇA GOUVEIA, *Curso...*, pp. 195-196.

[206] Cfr. NUNO FERREIRA LOUSA, *Ob. cit.*, p. 16 e ss.

O DEVER DE REVELAÇÃO COMO PROBLEMA DE INDEPENDÊNCIA [...]

que o momento da designação dos árbitros ocorra numa fase em que o tribunal esteja a ser constituído, uma vez que não é possível garantir-se que não se verificará nenhum imprevisto com os árbitros designados.

A LAV reconhece às partes o direito de, em regra, nomear um árbitro (art. 10.º). Na hipótese de estarmos perante partes plurais[207] ou um árbitro único, terá de existir uma decisão unânime destas ou esta nomeação fica a cargo de um tribunal estatal, segundo o disposto nos arts. 10.º, n.º 2 e 11º, n.ºs 1 e 2.

Para além dos requisitos dos árbitros exigidos pela lei (art. 9.º), prevê-se que o processo arbitral seja conduzido por um único árbitro ou por um número ímpar de árbitros sendo que, na falta de estipulação em contrário, a lei prevê que o colégio arbitral seja composto por três árbitros (art. 8.º, n.º 2). A imparidade é, desta feita, um requisito obrigatório e independente da vontade das partes[208], de modo a facilitar-se a tomada de decisões[209].

O ajustamento quanto ao número de árbitros deve ser pensado pelas partes no âmbito da sua liberdade[210]

---

[207] Cfr. KARL-HEINZ BOCKSTIEGEL, *et. al, Arbitration in Germany – The Model Law in Practice*, 2015, p. 175.

[208] MÁRIO ESTEVES DE OLIVEIRA, *et. al.*, defendem que, caso as partes acordem e identifiquem, na convenção arbitral, um número par de árbitros, a convenção arbitral terá de ser declarada nula porquanto o requisito da imparidade não seria respeitado (*vide Ob. cit.*, p. 120).

[209] Cfr. ANTÓNIO SAMPAIO CARAMELO, «O Estatuto...», p. 27; MÁRIO ESTEVES DE OLIVEIRA, *et. al., Ob. cit.*, p. 118.

[210] Como nos relembra JOSÉ MIGUEL JÚDICE, *«Os árbitros [...] são selecionados para cada litígio em concreto em função de atributos que*

OS TRIBUNAIS ARBITRAIS COMO «*VERDADEIROS TRIBUNAIS*»

e atendendo ao tipo de litígio em causa, bem como às necessidades do caso e às possibilidades económicas dos intervenientes, tendo em consideração que, naturalmente, a possibilidade de se ter um árbitro singular é muito menos dispendiosa e célere para as partes[211]. Por outro lado, a ideia de se ter mais profissionais a julgar um caso é sempre preferível à hipótese de ser um único árbitro a fazê-lo, pois os riscos de o árbitro não ter apreciado corretamente a questão sairiam reduzidos. Porém, essa é uma decisão que cabe inteiramente às partes discutir[212].

Ainda relativamente ao modo como se processa a nomeação dos árbitros, a lei parece-nos ser explícita: após a designação dos árbitros por cada uma das partes (art. 10.º)[213], estes devem aceitar ou recusar a sua nomeação (arts. 12.º, n.º 1)[214]. Contudo, estes não se podem escusar injustificadamente do cargo depois de o terem aceite (n.º 3 do mesmo artigo).

Na hipótese de existirem falhas na nomeação dos árbitros - seja pela inércia das partes, pelo facto de os dois árbitros escolhidos pelas partes não terem chegado a um consenso relativamente ao terceiro árbitro

---

supostamente possuem e que os tornam especialmente habilitados a fazer justiça [...]» (vide «A Constituição...», pp. 111-112).

[211] Cfr. ANTÓNIO MENEZES CORDEIRO, *Ob. cit.*, p. 132.

[212] Relativamente a essa questão, leia-se MÁRIO ESTEVES DE OLIVEIRA, *et. al., Ob. cit.*, pp. 116-177.

[213] Cfr. JOSÉ LEBRE DE FREITAS, «O princípio do contraditório na nomeação de árbitro pelo presidente do tribunal da relação», 2011, p. 2.

[214] Cfr. LUÍS DE LIMA PINHEIRO, *Arbitragem...*, p. 129; AGOSTINHO PEREIRA DE MIRANDA, «Arbitragem...», p. 117.

O DEVER DE REVELAÇÃO COMO PROBLEMA DE INDEPENDÊNCIA [...]

interveniente, ou mesmo pelo centro de arbitragem ter falhado nessa designação –, pode ter que o tribunal estadual ser chamado a intervir, tendo como base a convenção arbitral[215] (a não ser que as partes tenham deliberado outro modo de designação dos árbitros em falta[216]). Percebe-se, de imediato, que esta intervenção é um mecanismo meramente subsidiário que apenas visa evitar a paralisação do decurso normal do processo que é do especial interesse das partes[217], conforme se reconhece nos arts. 10.º, n.º 4 e 59.º, n.ºs 1, al. a) e 3, todos da LAV[218].

[215] Cfr. MÁRIO RAPOSO, «O Estatuto...», p. 536.

[216] Cfr., por exemplo, JOÃO RAPOSO, Ob. cit., p. 112 e ss.; ANTÓNIO SAMPAIO CARAMELO, «O Estatuto...», p. 37; ANTÓNIO SANTOS ABRANTES GERALDES, Ob. cit., pp. 53-54.

[217] Cfr. JOSÉ LEBRE DE FREITAS, «O princípio...», pp. 2-4; MANUEL PEREIRA BARROCAS, Lei..., p. 60.

[218] Um dos aspetos que tem gerado discórdia prende-se com a verificação do princípio do contraditório antes do presidente do TR tomar a sua decisão. Admitindo que a nomeação dos árbitros é um momento decisivo no processo, cremos que «[...] o órgão decisor tem o dever de lhe conceder o direito de se fazer ouvir e de expor os seus argumentos» (vide PAULA COSTA E SILVA e NUNO TRIGO DOS REIS, «A natureza do procedimento judicial de nomeação dos árbitros», 2002, p. 961). Deste modo, entendemos que só se as partes tiverem dispensado um direito que lhes é reconhecido por lei é que esta nomeação pode prescindir, excecionalmente, da sua prévia audição. Na perspetiva de JOSÉ LEBRE DE FREITAS «[...] a intervenção [...] do presidente do tribunal da relação visa prosseguir o interesse da parte que não designou o árbitro que lhe cabia designar [...] ou o interesse solidário de ambas as partes no funcionamento da arbitragem (quando se trate da nomeação do terceiro árbitro).» (vide «O princípio...», p. 5). Parece-nos, porém, mais correto o entendimento de PAULA COSTA E SILVA e NUNO TRIGO DOS REIS, quando defendem que

OS TRIBUNAIS ARBITRAIS COMO «*VERDADEIROS TRIBUNAIS*»

Em suma, o processo arbitral rege-se por normas específicas definidas de acordo com o princípio da autonomia das partes, fundamento primeiro da arbitragem, o que permite às partes interferir na composição do painel de árbitros e escolher as regras que melhor servem a concreta instância arbitral e se adaptam às necessidades do litígio, desde que sejam respeitados os limites processuais anteriormente referidos (art. 30.º da LAV).

«*[...] independentemente da estrutura e da natureza que seja de consignar ao processo judicial de nomeação de árbitro, aí deve ser observado o princípio do contraditório.*» (*vide Ob. cit.*, p. 955). Acrescentam os autores que o cumprimento desta formalidade não comprometeria a celeridade processual nem o direito ao acesso à jurisdição. Pelo contrário, respeitaria os requisitos do processo equitativo e da proibição da indefesa (*Ibidem*, p. 969). Em sentido oposto, MARIANA FRANÇA GOUVEIA defende que se deve ter cautela quanto a esta exigência de forma a evitar dilações na constituição do processo arbitral, reduzindo-se a intervenção do tribunal estadual «*[...] tão só à nomeação do árbitro em falta.*» (*vide Curso...*, p. 198). Também ANTÓNIO MENEZES CORDEIRO considera que ouvir as partes seria inútil e poderia mesmo pôr em causa o pragmatismo reconhecido à arbitragem (*vide Ob. cit.*, pp. 143-144).

CAPÍTULO III
O dever de revelação

1. O dever de revelação

No seguimento da investigação dos princípios da independência e imparcialidade propomo-nos agora estudar, ao abrigo do disposto na LAV, o *dever de revelação*[219] dos árbitros[220].

---

[219] A este respeito veja-se, nomeadamente, FOUCHARD, GAILLARD, GOLDMAN: «*The purpose of the arbitrator's duty of disclosure is to ensure that the parties are able to challenge that arbitrator if, in their view, the arbitrator does not meet (or no longer meets) the applicable conditions of independence and impartiality.*» (*vide Ob. cit.*, p. 579); JOÃO LUÍS LOPES DOS REIS: «*[...] a confiança de que o árbitro é depositário e a circunstância de ele ficar igualmente vinculado às duas partes no litígio justifica – ou exige – que o árbitro fique obrigado a uma estrita boa fé e a um dever de lealdade de elevado grau; e são esses deveres que impõem que o árbitro revele – não apenas que não esconda – as circunstâncias que podem pôr em causa a sua independência, isenção ou imparcialidade.*» (*vide* «Questões de Arbitragem Ah-Hoc II», 1999, p. 279); AGOSTINHO PEREIRA DE MIRANDA: «*A forma preventiva mais eficaz de assegurar independência e a imparcialidade*

O DEVER DE REVELAÇÃO COMO PROBLEMA DE INDEPENDÊNCIA [...]

Como havemos referido anteriormente, o dever de revelação consiste numa obrigação imposta ao árbitro de apreciar a sua condição no processo e de, consequentemente, revelar à parte que o nomeou (caso a revelação ocorra após o seu convite, conforme determina o art. 13.º, n.º 1) ou a ambas as partes e coárbitros (se a revelação ocorrer durante o processo arbitral, segundo o disposto no n.º 2 do referido artigo) quaisquer circunstâncias que, na sua perspetiva e atendendo à perspetiva das partes, possam comprometer a sua independência e/ou imparcialidade que, como temos vindo a defender, devem ser os requisitos primários de qualquer árbitro (art. 9.º, n.º 3)[221].

do árbitro é sujeitá-lo à obrigação de revelar a informação que possa suscitar dúvidas sobre tais qualidades [...]. Esta obrigação está de tal modo enraizada na [...] que certos autores consideram-na uma regra material da arbitragem.» (*vide* «Dever...», p. 1272. Do mesmo autor, leia-se «Investir...», p. 13).

[220] ALAN REDFERN e MARTIN HUNTER consideram o dever de revelação o mecanismo mais importante no controlo dos requisitos da independência e imparcialidade do árbitro (*vide Ob. cit.*, p. 204). MARIANA FRANÇA GOUVEIA relembra-nos que esta figura se distingue do regime de escusas e impedimentos do árbitro, designado por challenge (*vide Curso...*, p. 204).

[221] Sobre o dever de revelação leia-se, por todos, FOUCHARD, GAILLARD, GOLDMAN, *Ob. cit.*, p. 561 e ss.; SILVIA BARONA VILAR, *et. al., Comentarios a la Ley de Arbitraje (Ley 60/2003, de 23 de Diciembre)*, 2004, p. 675 e ss.; PETER BINDER, *Ob. cit.*, pp. 185-187; PEDRO MARTÍNEZ GONZÁLEZ, *Ob. cit.*, pp. 69-70; AGOSTINHO PEREIRA DE MIRANDA, «Dever...», p. 1266 e ss.; BERNARDO REIS, «Reflexões...», p. 76 e ss.; MANUEL PEREIRA BARROCAS, «A ética...», p. 195 e ss.; GARY BORN, *Ob. cit.*, p. 2320 e ss.; MÁRIO ESTEVES DE OLIVEIRA, *et. al., Ob. cit.*, p. 195; ANTÓNIO MENEZES

No fundo, trata-se de um «*[...] instrumento destinado a enfrentar o desafio da concretização das "imparcialidade e independência" [...]*»[222] pois também permite às partes, depois de revelados os factos pelo árbitro, avaliarem se este mantém os requisitos exigidos para continuar a condução da disputa de forma isenta. Com efeito, pretende-se, por um lado, garantir a transparência do processo[223], uma vez que sempre que o árbitro reconheça, segundo *critérios subjetivos* (o seu próprio juízo) ou *objetivos*[224] (aquele que seria o entendimento de um terceiro imparcial, atendendo também à perspetiva das partes), que a sua isenção não se encontra devidamente assegurada (por alguma razão legal ou contratualmente prevista ou não), deve transmitir de imediato esses factos à parte que o nomeou ou a todos os intervenientes do processo[225], dependendo se se trata de um facto superveniente. Por outro lado, visa-se dar segurança ao processo e confiança às partes, dado que lhes possibilita a recusa do árbitro do processo se assim o entenderem (art. 14.º da LAV).

Imediatamente se percebe que, se por hipótese o árbitro não considerar pertinente a revelação de

---

CORDEIRO, *Ob. cit.*, 152; RUTE ALVES, «O Dever de Revelação dos Árbitros em Portugal», 2016, p. 187 e ss.

[222] Cfr. ANTÓNIO MENEZES CORDEIRO, *Ob. cit.*, p. 153.

[223] Cfr., PIERRE TERCIER, «A Ética na Arbitragem Jurídica», 2012, p. 53; AGOSTINHO PEREIRA DE MIRANDA, «O Estatuto...», p. 68.

[224] Cfr. ALAN REDFERN e MARTIN HUNTER, *Ob. cit.*, p. 204.

[225] Cfr. ANTÓNIO SAMPAIO CARAMELO, «O Estatuto...», p. 55.

O DEVER DE REVELAÇÃO COMO PROBLEMA DE INDEPENDÊNCIA [...]

determinada circunstância, deve ponderá-la sempre que segundo a perspetiva de um terceiro imparcial (ou seja, de um árbitro justo e sensato[226]) lhe pareça importante que as partes tenham conhecimento desse facto. Na verdade, caso as partes acordem previamente essa questão, os factos que pretendam ver revelados podem inclusivamente já estar explícitos na convenção arbitral[227], sendo imperativo, nestes casos, a sua revelação[228].

Quer-se com isto dizer que, numa primeira fase, é o árbitro que deve decidir se pretende renunciar à sua participação quando considere que não está em condições de prosseguir no processo (art. 12.º, n.ºs 1 e 2). De seguida, é-lhe imposto que revele qualquer circunstância que, no âmbito da sua autonomia e liberdade, entenda ser essencial para as partes. Posteriormente, o árbitro deve ponderar a revelação de um facto considerando também aquela que seria a perspetiva de um árbitro imparcial, tendo em conta o tipo de litígio em questão e os factos em

---

[226] Na perspetiva certeira de ANTÓNIO MENEZES CORDEIRO, deve ser construída a imagem de um *bonus pater famílias arbitral* (*vide Ob. cit.*, p. 153).

[227] Nas palavras de GARY BORN, «*[...] the process of disclosure [...] is governed in the first instance by the parties' arbitration agreement (including any applicable institutional arbitration rules) and the procedural law of the arbitration [...]*» (*vide Ob. cit.*, p. 2322).

[228] GARY BORN considera relevante que as partes prevejam os moldes do dever de revelação na convenção arbitral, dada a falta de previsão na lei (*vide International Arbitration and Forum Selection Agreements: Drafting and Enforcing*, 2006, p. 80).

causa[229]. Naturalmente, todos estes fatores devem pesar na decisão do árbitro revelar (ou vir a revelar no decurso do processo) algum facto.

Nesta senda, exige-se do árbitro uma cuidadosa autoanálise para determinar, primeiramente, se se encontra em perfeitas condições para prosseguir no processo e, posteriormente, para antever a relevância que determinado facto pode ter para as partes, mesmo que não tenha para si[230]. O que se procura com esta obrigatoriedade é de, tão só, ceder às partes a possibilidade de também elas averiguarem, após cumprido o dever de revelação pelo árbitro, se o tencionam manter no processo ou se, pelo contrário, consideram de tal forma gravosos os factos revelados que pretendem suscitar o seu afastamento. Para o efeito, como referido, caso as partes entendam que a isenção do árbitro se encontra em risco, devem dar início ao respetivo processo de recusa (art. 14.º)[231].

Posto isto, uma vez que as partes têm a possibilidade de avaliar os factos que tenham sido revelados

---

[229] FREDERICO GONÇALVES PEREIRA repara que «*O dever incide pois sobre a necessidade de revelar situação que, embora o árbitro não considere impeditiva da aceitação, deve partilhar com as partes [...]*» (*vide Ob. cit.*, p. 169).

[230] Como ensinam ALAN REDFERN e MARTIN HUNTER, «*There is [...] a difference [...] between the objective test as to whether the relevant facts would cause doubt in the mind of a reasonable third party, ant the subjective test as to whether they might cause doubt in the mind of the parties involved in the specific case in question.*» (*vide Ob. cit.*, pp. 204-205). Cfr. SELMA FERREIRA LEMES, *Ob. cit.*, p. 46; AGOSTINHO PEREIRA DE MIRANDA, «Investir...», p. 20.

[231] Cfr. BERNARDO REIS, «Reflexões...», p. 81.

O DEVER DE REVELAÇÃO COMO PROBLEMA DE INDEPENDÊNCIA [...]

pelo árbitro ao longo do processo, podemos concluir que o simples facto de o árbitro optar por revelar determinada circunstância não determina, automaticamente, o seu comprometimento e consequente afastamento do processo, pois essa decisão deve ser analisada e ponderada pelas partes[232].

i. Tempo, modo e forma de revelação

Na sequência do que temos vindo a afirmar relativamente ao *disclosure*, o árbitro deve, antes de mais, avaliar a sua posição no processo, devendo recusar logo a sua nomeação sempre que a sua isenção não esteja assegurada[233]. Destarte, o dever de revelação apenas se impõe se o árbitro aceitar a sua nomeação para dirimir determinado processo arbitral (art. 12.º, n.º 1),[234] ficando futuramente impedido de renunciar a essa função caso não surja, posteriormente,

---

[232] AGOSTINHO PEREIRA DE MIRANDA afirma que «*[...] a revelação não implica por parte do árbitro a admissão da existência de qualquer conflito [...] o objetivo da revelação é permitir às partes (e aos co-árbitros) determinarem se concordam com a avaliação feita pelo árbitro e, sendo necessário, obterem mais informação [...].*» (*vide* «Dever...», p. 1279). Leia-se, também, RUTE ALVES, *Ob. cit.*, pp. 202-203.

[233] MÁRIO ESTEVES DE OLIVEIRA, *et. al.*, consideram que este dever jurídico é um contributo para «*[...] dotar o tribunal arbitral de árbitros reforçadamente imunes a uma eventual tentação de ponderar e fazer valer, no respetivo processo, interesses e valores alheios ao seu julgamento segundo o Direito ou a Equidade.*» (*vide Ob. cit.*, pp. 195-196).

[234] Cfr., por exemplo, MÁRIO ESTEVES DE OLIVEIRA, *et. al.*, *Ob. cit.*, p. 184 e ss.; ANTÓNIO MENEZES CORDEIRO, *Ob. cit.*, pp. 148-149.

nenhum facto determinante que possa implicar o seu afastamento do processo (arts. 12.º, n.º 3 e 13.º, n.º 3)[235].

Repare-se que, temporalmente, já nos encontramos numa fase em que o árbitro foi convidado a participar no processo (muitas das vezes informalmente), mas ainda não aceitou oficialmente o convite[236], não se encontrando, por isso, constituído o tribunal arbitral[237]. Não obstante não existir um momento único para a revelação das circunstâncias, esta obrigação começa por existir, de forma imediata, antes de o árbitro aceitar oficialmente a sua nomeação[238], ou seja, logo após lhe ser dirigido o convite para conduzir o processo[239]. Na hipótese de surgirem circunstâncias supervenientes, também se exige a sua imediata revelação a todos os intervenientes no processo[240],

---

[235] Segundo PIERRE TERCIER «[...] é exigido do árbitro indigitado que revele antes da nomeação todos os factos que poderiam pôr em causa a sua independência, e que comunique no seguimento todos os factos dessa natureza que possam ocorrer.» (vide Ob. cit., pp. 52-53).

[236] Cfr. MANUEL PEREIRA BARROCAS, Lei..., p. 67.

[237] Cfr. MARIANA FRANÇA GOUVEIA, Curso..., p. 204.

[238] ANTÓNIO MENEZES CORDEIRO relembra-nos de que esta obrigatoriedade num momento tão inicial do processo «[...] visa impedir que o problema da idoneidade se venha a desencadear já com o tribunal montado e o processo a decorrer [...].» (vide Ob. cit., p. 152).

[239] Em sentido contrário, MÁRIO ESTEVES DE OLIVEIRA, et. al., Ob. cit., pp. 196-197.

[240] Segundo FOUCHARD GAILLARD GOLDMAN, «Some laws and arbitration rules are careful to specify that the duty of disclosure is permanent. Arbitrators must disclose any new circumstance which, in the minds of the parties, will be liable to affect their independence. [...] the arbitrators' duty

O DEVER DE REVELAÇÃO COMO PROBLEMA DE INDEPENDÊNCIA [...]

conforme estabelece o art. 13.º, n.º 3[241] (sendo que, nestes casos, pode qualquer uma das partes requerer a substituição do árbitro[242]).

Todo o processo de revelação de factos (o tempo e modo de revelação, a apreciação dos factos e, consequentemente, a decisão pela manutenção ou substituição do árbitro) ocorre exclusivamente entre

of disclosure must continue until they make their award [...]» (vide Ob. cit., pp. 578-579).

[241] Cfr., entre outros, AGOSTINHO PEREIRA DE MIRANDA, «Dever...», pp. 1277-1280; BERNARDO REIS, «Reflexões...», p. 81. MÁRIO ESTEVES DE OLIVEIRA, *et. al.,* afirmam que o cumprimento do dever de revelação tem de ser enquadrado no momento da aceitação do árbitro no processo (*Ob. cit.,* p. 197).

[242] AUGUSTO LOPES CARDOSO refere que esta disposição reflete a relação de manifesta confiança entre a parte que nomeou o árbitro e o próprio árbitro. O autor questiona como se coaduna esta relação de confiança com o dever de independência e imparcialidade a que está sujeito o árbitro, uma vez que dificilmente a parte que designa um árbitro vai recuar depois na sua opção. Contudo, por outro lado, conclui que os árbitros designados pelas partes também têm de estar sujeitos às exigências da independência e imparcialidade, apesar de, naturalmente, achar duvidosa esta opção da lei (*vide Ob. cit.,* pp. 37-39). Cfr. MARIANA FRANÇA GOUVEIA, «O Dever...», p. 322; ANTÓNIO SAMPAIO CARAMELO, «O Estatuto...», p. 56; NUNO SALAZAR CASANOVA admite que *«O árbitro escolhido recebe um voto de confiança [...]»* que pode *«[...] promover um sentimento de dívida ou de gratidão, que ninguém pode garantir ser completamente imune»* (*vide Ob. cit.,* p. 69). Também ANTÓNIO MENEZES CORDEIRO considera corretamente que *«Há - no mínimo – um juízo de favorabilidade e – também no mínimo – uma expectativa de que o árbitro-de-parte (pelo menos esse!) veja, com bons olhos, a pretensão de quem o indique. [...] Ao árbitro-de-parte pede-se, afinal, compostura e equilíbrio.»* (*vide Ob. cit.,* p. 158).

as partes e os árbitros que constituam o tribunal arbitral, não existindo qualquer interferência do tribunal estadual (apesar de, num momento posterior e como referimos no capítulo anterior, já poderá o tribunal estadual ser chamado a intervir, apreciando os pedidos de anulação das sentenças arbitrais, a par do julgamento dos recursos[243]).

Ademais, importa reforçar a ideia de que este dever se impõe tanto em sede de arbitragem ad--hoc, como em sede de arbitragem institucionalizada (no âmbito da arbitragem institucionalizada tem-se por hábito proceder à assinatura de uma declaração de independência e imparcialidade, sendo a confirmação oficial do árbitro nomeado da competência dos órgãos da instituição[244]. Veja-se, por exemplo, os arts. 10.º, n.º 3 do Regulamento do CAC e 13.º, n.º 2 do Regulamento do CCI)[245].

A lei é também omissa no que diz respeito à forma de revelação, mas em nosso entendimento a revelação

---

[243] Cfr. GARY BORN, *International Commercial...*, p. 2322.

[244] Repare-se que, apesar de a LAV não prever esta figura, o dever de revelação também se pode consubstanciar numa declaração de independência e imparcialidade (*vide* AGOSTINHO PEREIRA DE MIRANDA, «O Estatuto...», p. 64; SELMA FERREIRA LEMES, *Ob. cit.*, p. 46). MANUEL PEREIRA BARROCAS afirma que a revelação deve ser feita «*[...] por escrito, feita pelo árbitro convidado a aceitar a nomeação, dos factos que entende dar conhecimento às partes [...]*» (*vide Manual...*, p. 297).

[245] Cfr., por todos, ANTÓNIO PIRES DE LIMA, *Ob. cit.*, p. 59; GARY BORN, *International Commercial...*, pp. 2341-2342; RUTE ALVES, *Ob. cit.*, p. 187.

O DEVER DE REVELAÇÃO COMO PROBLEMA DE INDEPENDÊNCIA [...]

deve ser sempre feita pelo árbitro, em suporte escrito[246], à parte que o designou ou a todos os intervenientes do processo, dependendo do momento em que ocorra a revelação[247]. Este cuidado explica-se pelo facto de estarmos perante uma obrigação de particular importância que pode comprometer o resultado do processo e porque, seguidamente, as partes terem de avaliar as circunstâncias reveladas a fim de decidirem se pretendem a manutenção ou afastamento do árbitro.

Tudo visto, existe outro ponto que merece o nosso reparo e que se prende precisamente com os limites da revelação: pensemos, por exemplo, num árbitro que mantenha uma relação profissional com um dos mandatários das partes em que esteja sujeito ao sigilo profissional. Nestes casos, não se deve exigir que os árbitros revelem as circunstâncias de tal

---

[246] Cfr. PETER BINDER, *Ob. cit.*, p. 187. MANUEL PEREIRA BARROCAS considera que a revelação deve ser sempre feita através de suporte escrito pelo árbitro nomeado (*vide Lei...*, p. 68). No mesmo sentido, MÁRIO ESTEVES DE OLIVEIRA, *et. al.*, também concordam que esta será a melhor solução, pois «*[...] pareceria intolerável [...] que o Direito se contentasse com comunicações orais, de que não ficam traços comprovativos.*» (*vide Ob. cit.*, p. 198).

[247] Note-se que, apesar de o n.º 1 do artigo citado não ser totalmente explícito, entendemos que na fase em que ainda não houve aceitação oficial do árbitro a revelação dos factos deve ser feita à parte mais interessada, ou seja, à parte que o designou. Só no caso de a revelação ser superveniente, como se encontra explícito na lei (n.º 2 do mesmo artigo), é que este dever se cumpre perante todos os intervenientes do processo (no mesmo sentido, MÁRIO ESTEVES DE OLIVEIRA, *et. al.*, *Ob. cit.*, p. 198).

forma pormenorizada que comprometam as relações pessoais ou profissionais que tenham com terceiros; antes, exige-se que o árbitro dê a conhecer a existência dessas mesmas relações, cabendo depois às partes averiguar se desejam continuar com aquele árbitro.

ii. A previsão do dever de revelação na LAV

Da leitura do art. 13.º, n.º 1 denotamos que a complexidade do tratamento do *disclosure* começa pela definição e delimitação de conceito[248]. Como veremos, a previsão deste dever não nos parece totalmente esclarecedora, apresentando-se como um conceito aberto - tanto na estatuição das circunstâncias merecedoras de revelação como, consequentemente, na antevisão dos critérios[249] que devem ser adotados para se aferir a necessidade de revelação dessas mesmas

---

[248] Como ensina MARIANA FRANÇA GOUVEIA, sendo esta uma área que não é puramente jurídica, por envolver questões éticas e deontológicas, tem de ser sempre feita uma análise casuística, não sendo possível definir concretamente as circunstâncias em que é exigida a revelação (*vide Curso...*, p. 205). Também ANTÓNIO MENEZES CORDEIRO afirma que «[...] *o dever de revelação tem uma dimensão deontológica, que dificilmente pode ser marginada pelo Direito.*» (*vide Ob. cit.*, p. 154).

[249] DUARTE GORJÃO HENRIQUES considera que «[...] *o dever de revelação que incumbe aos árbitros é pautado por critérios que lhe são exteriores: não releva o que o árbitro julgue que possa suscitar dúvidas sobre a sua imparcialidade e independência, mas antes aquilo que o árbitro deva esperar que seja o critério das partes em confronto [...]*» (*vide* «Portugal e as "IBA Guidelines" sobre Conflitos de Interesses: Desinvestir na virtude?», 2017, p. 492).

O DEVER DE REVELAÇÃO COMO PROBLEMA DE INDEPENDÊNCIA [...]

circunstâncias[250] – carecendo de concretização pela doutrina e jurisprudência[251].

Por conseguinte, o artigo supracitado refere que o dever de revelação tem de ser cumprido sempre que o árbitro considere que existam circunstâncias que suscitem «*[...] fundadas dúvidas sobre a sua imparcialidade e independência*», ou seja, circunstâncias que suscitem dúvidas quanto à possibilidade de o árbitro vir a ser influenciado por factos alheios ao mérito da causa, sendo que estas podem existir antes do início do processo ou surgir posteriormente. Assim, o alcance do âmbito das referidas *circunstâncias* apresenta-se, desde logo, indefinido, correndo-se o risco de esta inexatidão culminar em decisões bastante contraditórias perante situações idênticas[252]. Torna-se, por

[250] AGOSTINO PEREIRA DE MIRANDA reforça corretamente a ideia de que o critério adotado pela LAV para aferir o comprometimento moral do árbitro no processo se apresenta como um critério subjetivo mitigado. Por outras palavras, muitas vezes não pode ser o próprio árbitro a valorar as circunstâncias, esperando-se que essa avaliação se faça por um «*[...] terceiro razoável [...]*», uma vez que a decisão do árbitro revelar um facto ter de ser sempre aferida pelo «*[...] que crê que as partes creem ser uma fundada dúvida [...]*» (*vide* «Dever...», p. 1273). Como temos vindo a defender, BERNARDO REIS também admite que para o árbitro averiguar o seu possível comprometimento no processo se deve colocar na perspetiva das partes e analisar aquelas circunstâncias específicas segundo a perspetiva de uma das partes (*vide* «Reflexões...», pp. 81-82).

[251] ANTÓNIO MENEZES CORDEIRO entende que, dada a indeterminação deste conceito, terá de ser feito um intenso labor de concretização da fórmula legal (*vide Ob. cit.*, p. 153).

[252] Cfr. AGOSTINHO PEREIRA DE MIRANDA e PEDRO SOUSA UVA, *Ob. cit.*, pp. 23-24.

O DEVER DE REVELAÇÃO

isso, cada vez mais urgente a clarificação do âmbito de aplicação desta regra[253].

Ainda que fosse irrealista pensar-se que a LAV, ou qualquer outra disposição legal, pudesse prever de forma exaustiva todas as circunstâncias aptas a pôr em causa a independência e imparcialidade do árbitro (desde logo porque seria um trabalho impossível), deviam ser adotados, pelo menos, alguns critérios que auxiliassem os árbitros a avaliar e ponderar algumas situações que se incluíssem, essencialmente, na já denominada *zona cinzenta de factos*[254].

Não obstante, existem situações em que o árbitro sabe, desde logo, que a sua imparcialidade está afetada e a revelação desses factos é inevitável, nomeadamente nos casos em que o árbitro é familiar próximo ou mantém (ou manteve) uma relação (profissional ou pessoal) com alguma das partes ou com os respetivos advogados. Porém, a nossa atenção direcionar-se-á especialmente para as circunstâncias que, segundo os critérios de um árbitro imparcial e considerando essencialmente a perspetiva das partes[255] podem ter de ser reveladas, mas cuja

---

[253] Cfr. AGOSTINHO PEREIRA DE MIRANDA, «O Estatuto...», p. 69.

[254] MÁRIO ESTEVES DE OLIVEIRA, *et. al.*, denominam as situações duvidosas como a *zona cinzenta de factos*, contrapondo-se à *zona de certeza negativa* e *positiva* (*vide Ob. cit.*, p. 203).

[255] Veja-se o Ac. n.º 581/16.7YRLSB.-1 do TRL, de 13 de setembro de 2016: «*O conceito de 'perspetiva das partes' não significa arbitrariedade das partes [...] devemos considerar a posição que uma parte, agindo segundo padrões de normalidade comportamental e segundo a experiência comum de*

necessidade de revelação pode não ser, à partida, notória: referimo-nos às situações duvidosas que se situam no limiar das circunstâncias que podem suscitar dúvidas quanto ao possível comprometimento dos árbitros.

Evidentemente, a solução não pode passar por se revelarem todos os factos possíveis sem critério algum[256], sob pena de se atrasarem substancialmente os processos[257] perante situações que não se revelem merecedoras de especial atenção[258]. Também poderão existir situações em que o excesso de revelação apenas funcionaria como jogadas dilatórias das partes com o objetivo de protelar o processo, colocando seriamente em causa a economia processual. Poder-se-ia ainda correr o risco de, ao serem relevados todos os factos possíveis, se reduzir este mecanismo a uma mera tentativa de uma parte afastar o árbitro escolhido pela outra parte, mesmo não havendo motivos para tal. Contudo, parece-nos claro que, quando o árbitro se depare com uma situação que lhe suscite dúvidas, deve sempre optar por

---

vida, usando de normal diligência, prudência e boa-fé, colocada nas e com conhecimento das concretas circunstâncias do caso, tomaria».

[256] Cfr. CARLOS ALBERTO CARMONA, *Ob. cit.*, pp. 18-19.

[257] Quanto a este aspeto, ANTÓNIO MENEZES CORDEIRO repara que, receosos de incorrer em responsabilidade civil pela omissão de revelação, existem casos em que o árbitro reporta situações ocorridas há anos que mais parecem pequenos *«curricula vitae»* (vide *Ob. cit.*, p. 157).

[258] Cfr. AGOSTINHO PEREIRA DE MIRANDA, «Dever...», p. 1274.

O DEVER DE REVELAÇÃO

expor esses factos[259] de forma a prevenir possíveis casos de omissão de revelação[260].

Como veremos, a indefinição das circunstâncias merecedoras de revelação pelo árbitro não é um problema exclusivo da LAV: a nível nacional, também o do Regulamento do CAC, no seu art. 11.º, n.º 2, não nos ajuda a clarificar o que são circunstâncias aptas a pôr em causa a isenção do árbitro (mencionando-se, apenas, o facto de a revelação não implicar de imediato o afastamento do árbitro do processo, segundo o n.º 4 do mesmo artigo), à semelhança do Regulamento do IAC (art. 16.º, n.º 2) e respetivos códigos deontológicos[261].

Se analisarmos as regras do CCI[262] deparamo--nos com o mesmo problema, uma vez que este dever é apenas exigido quando subsistam *«dúvidas*

---

[259] MÁRIO RAPOSO utiliza a feliz expressão de *«in dubio pro disclosure»* para caracterizar precisamente estas situações (*vide* «O Estatuto...», p. 538). Cfr. PIERRE TERCIER, *Ob. cit.*, p. 54.

[260] Não deixa de ser curioso que AGOSTINHO PEREIRA DE MIRANDA se refira à possibilidade de o árbitro poder limitar o dever de revelação como sendo um dos seus principais direitos (*vide* «O Estatuto...», p. 68).

[261] Veja-se, por exemplo, o regulamentado no código deontológico do CAAD, no arts. 5.º, al. a), e 6.º, n.º 5, a par do art. 4.º do estatuto deontológico do TAD. Nestes casos, a previsão dos factos que nos ajudam a clarificar a *zona cinzenta* mostra-se mais exemplificativa e detalhada, balizando de forma concreta algumas circunstâncias aptas a pôr em causa a isenção do árbitro.

[262] Cfr. GABRIELLE KAUFMANN-KOHLER, «Soft Law in International Arbitration: Codification and Normativity», 2010, pp. 293-294.

razoáveis» em relação à independência e imparcialidade do árbitro[263], como prevê o respetivo art. 11.º,
n.ᵒˢ 2 e 3. Por sua vez, no Regulamento do LCIA[264],
esta questão também peca pela falta de precisão[265],
sendo regulada no art. 5.º, n.º 5.5.[266]. Importa também ter presente o CEACD, redigido pela AAA/
ABA, que regulamenta este dever de forma mais

---

[263] ANTÓNIO PIRES DE LIMA considera que no ICC as regras da
independência e imparcialidade são *«[...] genericamente defendidas por
forma prática [...]»* (*vide Ob. cit.*, pp. 58-59).

[264] Relativamente ao modo como o *disclosure* é abordado na LCIA,
leia-se MAXI SCHERER, *et. al., Arbitrating under the 2014 LCIA
Rules – A User's Guide*, 2015, pp. 118-123.

[265] ALAN REDFERN e MARTIN HUNTER reconhecem que
em sede de arbitragem institucionalizada, nomeadamente nos
centros acima referidos, o problema se mantém porquanto *«Of
the major institutions the ICC, the ICDR, and the LCIA give no specific
guidelines as to matters that ought to be disclosed. It is not an easy topic
because people [...] approach the problem from different views.»* (*vide Ob.
cit.*, p. 205). Em concordância, GARY BORN repara que em arbitragem institucionalizada existe a dificuldade acrescida de as
partes terem de se sujeitar às disposições regulamentares e nem
todas regulamentarem este dever da mesma forma (*vide International
Arbitration...*, p. 81).

[266] Cfr. BERNARDO REIS, «Reflexões...», pp. 82-83. GARY BORN
considera as regras da LCIA das mais detalhadas em sede de arbitragem institucional (*vide International Commercial...*, p. 2337). Este
preceito prevê que *«If appointed, each arbitral candidate shall thereby
assume a continuing duty as an arbitrator, until the arbitration is finally
concluded, forthwith to disclose in writing any circumstances becoming
known to that arbitrator after the date of his or her written declaration
[...] which are likely to give rise in the mind of any party to any justifiable
doubts as to his or her impartiality or Independence [...]»*.

O DEVER DE REVELAÇÃO

pormenorizada, exemplificando algumas situações em que se exige a revelação do árbitro[267].

No que diz respeito à lei-modelo UNCITRAL, o *disclosure* encontra-se redigido no art. 12.º, n.º 1[268], onde se pode ler que se impõe a revelação de *«[...] any circunstances likely to give rise to justificable douts»*[269]. Neste diploma adota-se o critério das dúvidas justificáveis e não se concretiza, à semelhança do que acontece na LAV, o conceito de circunstâncias duvidosas. Ainda assim, e independentemente de termos em conta os princípios orientadores da *lei-modelo*, denotamos que a previsão deste dever ainda se encontra menos exigente do que na LAV, pois impõe-se aos árbitros a revelação dos factos somente quando se prove que existe a possibilidade de este estar a ser parcial (como nos casos em que as partes não participem de forma igualitária na constituição do tribunal arbitral ou não lhes tenham sido dadas as mesmas oportunidades para se

---

[267] Veja-se, como exemplo, o Canon II, al. A): *«[...] relationships involving their families or household members or their current employers, partners, or professional or business associates that can be ascertained by reasonable efforts».*

[268] Cfr. MÁRIO RAPOSO, «Imparcialidade dos Árbitros», 2006, pp. 78-81. WALTER H. RECHBERGER afirma *«[...] que o que é exigido é a revelação das circunstâncias que possam pôr em risco a parcialidade do árbitro e não a falta de imparcialidade e independência do árbitro [...]»* (vide *Ob. cit.*, p. 1042).

[269] Como admite KLAUS BERGER, *«[...] it is the appeerence of bias and not necessarily its proven existence which justifies the challenge [...] in cases where the arbitrator's impartiality or independence cannot be verified beyond doubt.»* (vide *Ob. cit.*, p. 145).

O DEVER DE REVELAÇÃO COMO PROBLEMA DE INDEPENDÊNCIA [...]

pronunciarem, por escrito ou oralmente, sobre alguma questão que tenha surgido no processo)[270].

Esta matéria é também regulada no CDA, redigido pela APA[271], apresentando-se prevista de forma mais concretizadora, no qual se exige a revelação de factos quando se verifique a existência de uma relação pessoal e/ou profissional entre o árbitro e uma das partes ou respetivos advogados (al. a)); um possível interesse económico-financeiro do árbitro no processo (al. b)); e, por fim, quando o árbitro tenha um prévio conhecimento da disputa (al. c)), como dita o seu art. 4.º, n.º 2. Adianta o referido artigo, no seu n.º 5, que em caso de incerteza deve o árbitro optar por revelar a situação duvidosa.

Embora a previsão das circunstâncias supra referidas no CDA seja apresentada de forma mais detalhada, ainda se mantêm algumas questões em aberto. Vejamos o caso de uma relação de amizade íntima entre

---

[270] AGOSTINHO PEREIRA DE MIRANDA fundamenta que «[...] o *árbitro deve poder apreciar a oportunidade de revelar [...] sem que a omissão de revelação possa, por si só, constituir causa para a sua recusa. Mas a decisão [...] há-de ser aferida "pelos olhos das partes" [...]. Em abono desta tese interpretativa da nova LAV pode invocar-se a subtil diferença que ela comporta relativamente à Lei Modelo. [...] a LAV contempla "todas as circunstâncias que possam suscitar fundadas dúvidas" (ênfase nosso).»* (vide «Dever...», p. 1273). Ainda sobre este tema, leia-se WALTER H. RECHBERGER, *Ob. cit.*, pp. 1042-1043; ANTÓNIO MENEZES CORDEIRO, *Ob. cit.*, p. 153.

[271] No mesmo sentido, BERNARDO REIS salienta a importância do CDA na concretização de alguns conceitos relativos ao estatuto do árbitro, apesar do nível de abstração ser ainda muito elevado (*vide* «Reflexões...», p. 83).

O DEVER DE REVELAÇÃO

um árbitro e uma das partes (ou o respetivo advogado), em relação a um caso em que exista um contacto meramente esporádico entre ambos, não sendo mantida qualquer relação próxima (como, por exemplo, o árbitro frequentar o mesmo ginásio, viver no mesmo prédio ou ter um filho na mesma escola que uma das partes, entre tantas outras situações possíveis): será que o dever de revelação impende sobre o árbitro da mesma forma perante qualquer uma destas situações? Ainda que tenha de haver uma análise casuística, julgamos que, à partida, a resposta terá de ser negativa, em virtude do que temos vindo a defender relativamente à necessidade de critérios na revelação sob pena de se pôr em causa a celeridade dos processos e de se banalizar este instrumento de controlo da atuação dos árbitros, até porque a revelação dos factos ocorre, em alguns casos, não pelos árbitros sentirem que a sua isenção está em causa, mas antes por sentirem receio de poderem sofrer consequências se não as revelarem[272].

Contudo, isto não quer dizer que o árbitro nunca deva revelar nenhum facto acima descrito, mas apenas o deve fazer se ele próprio considerar que a sua independência e imparcialidade possa vir a ficar comprometida ou se, analisando o caso em concreto, considerar que seria indispensável para as partes terem conhecimento daquele facto.

No entanto, é inegável que esta incerteza sobre o dever de revelação pode trazer sérios entraves no

---

[272] Cfr. ANTÓNIO MENEZES CORDEIRO, *Ob. cit.*, p. 157.

O DEVER DE REVELAÇÃO COMO PROBLEMA DE INDEPENDÊNCIA [...]

recurso a este meio, pondo-se em causa a seriedade da arbitragem pelo facto de o maior dever deontológico – o dever de revelação – depender única e exclusivamente, numa primeira fase, da sensibilidade e bom senso do próprio árbitro para avaliar se deve ou não revelar determinado facto (excetuando-se os casos em que as partes tenham previamente acordado essa questão).

Como veremos, tendo em consideração as parcas disposições da LAV relativamente a esta matéria, tem--se vindo a recorrer a instrumentos de *soft-law*[273] que nos auxiliam no processo de desmistificação deste conceito: não são, portanto, regras vinculativas, a não ser que as partes determinem em sentido contrário. Ainda assim, muitas das soluções que visam a clarificação do *disclosure* têm sido procuradas nas listas da IBA que, apesar de serem frequentemente aplicadas em arbitragens internacionais[274], cada vez mais se afirmam como as principais regras orientadoras da deontologia dos árbitros no domínio de arbitragens nacionais[275].

iii. O processo de recusa do árbitro

De modo a efetivar-se o dever de revelação, as partes podem, de acordo com os arts. 13.º da UNCITRAL

[273] Cfr. ANTÓNIO MANUEL HESPANHA, *O Caleidoscópio do Direito – O Direito e a Justiça nos dias e no Mundo de Hoje*, 2009, pp. 571-572.
[274] Cfr. ANTÓNIO MENEZES CORDEIRO, *Ob. cit.*, pp. 153-156.
[275] Por exemplo, o estatuto deontológico do TAD, no art. 1.º, n.º 2, prevê que «[...] *deve ser interpretado e integrado tendo presentes as melhores práticas internacionais, designadamente as Diretrizes da "International Bar Association" [...]*».

e 14.º da LAV, dar início a um processo de recusa de um árbitro, ainda que nem todos os ordenamentos jurídicos o permitam[276]. Assim, à semelhança do dever de revelação, o processo de recusa apresenta--se como uma forma de controlo da independência e imparcialidade dos árbitros[277] (ainda que indireta), conforme estudaremos de seguida tendo por base as disposições da LAV.

No fundo, este é um momento processual que vem materializar o dever de revelação[278] visto que faculta às partes a possibilidade de substituírem um árbitro sempre que existam fundadas dúvidas acerca da sua isenção, como dispõe o art. 16.º, n.º 1[279]. Nestes casos, suspende-se o prazo para a prolação da sentença arbitral[280].

Adiante, as razões que podem desencadear o afastamento de um dos árbitros do processo prendem--se, sobretudo, pelo facto de o árbitro revelar factos que comprometam a sua isenção[281], provocando desconfiança nas partes e levando-as a requererem, consequentemente, o seu afastamento do processo.

---

[276] Cfr. ALAN REFERN e MARTIN HUNTER, *Ob. cit.*, p. 211.

[277] Cfr. BERNARDO REIS, «Reflexões...», p. 79.

[278] FOUCHARD, GAILLARD, GOLDMAN acreditam que os árbitros estão sempre sujeitos a um incidente de recusa quando optem pela não revelação de algum facto (*vide Ob. cit.*, p. 580).

[279] ALAN REFERN e MARTIN HUNTER relembram-nos que os incidentes de recusa sofreram um crescimento considerável (*vide Ob. cit.*, p. 297).

[280] Cfr. ANTÓNIO PIRES DE LIMA, *Ob. cit.*, p. 60.

[281] Cfr. GARY BORN, *International Commercial...*, p. 1913.

O DEVER DE REVELAÇÃO COMO PROBLEMA DE INDEPENDÊNCIA [...]

No entanto, ao abrigo dos arts. 13.º, n.º 3 e 15.º, o procedimento de recusa também pode ocorrer por falta de qualificações ou incapacidade de um árbitro (ou por quaisquer outras razões estipuladas pelas partes[282]).

A parte que tem legitimidade para proceder à recusa do árbitro é, à partida, aquela que não nomeou o árbitro em questão[283]. Contrariamente, não é permitida à parte que designou o árbitro suscitar a sua recusa, salvo nos casos em que a revelação impenda sobre circunstâncias supervenientes (art. 13.º, n.º 3, última parte)[284].

Seguidamente, o art. 14.º explicita como é que se processa o pedido de recusa, possibilitando também às partes acordarem previamente os moldes em que deve decorrer esse processo[285], a não ser que o acordo entre as partes não se possa aplicar ou que estas não cheguem a um consenso[286], como ditam os n.ºs 1 e 2 do mencionado artigo. Se nada for estipulado em

---

[282] Cfr. H. VAN HOUTTE, *Ob. cit.*, p. 43.

[283] Tal justifica-se porque se parte do princípio que *«[...] se a parte escolheu certo árbitro, não terá quaisquer objeções às circunstâncias preexistentes que possam suscitar dúvidas sobre a sua imparcialidade ou independência.»* (*vide* BERNARDO REIS, «O Estatuto...», pp. 22-24).

[284] Cfr. MARIANA FRANÇA GOUVEIA, *Curso...*, pp. 205-206.

[285] GARY BORN afirma que *«The partie's freedom to incorporate institutional (or other) challenge procedures is an aspect of their general autonomy [...]»* (*vide International Commercial...*, pp. 1913-1914). NIGEL BLACKABY, *et. al.*, *Ob. cit.*, p. 264.

[286] MÁRIO ESTEVES DE OLIVEIRA, *et. al.*, consideram que a intervenção da lei nesta matéria se justifica pelo interesse público de uma boa administração de justiça (*vide Ob. cit.*, pp. 209-211).

O DEVER DE REVELAÇÃO

contrário, a exposição dos motivos de recusa deve ser feita por escrito, no prazo de quinze dias a contar da data em que a parte teve conhecimento do facto revelado pelo árbitro (podendo ocorrer, por isso, no decurso da constituição do tribunal arbitral ou durante o processo). Se por hipótese o árbitro não se retirar voluntariamente do processo[287], também ele participará na discussão sobre a sua recusa juntamente com os restantes árbitros (art. 14.º, n.º 2)[288].

No caso de estarmos perante arbitragem institucionalizada, o processo de recusa ocorre de acordo com os trâmites de cada centro[289]. Por exemplo, segundo o Regulamento do CAC, a parte interessada deve dirigir o pedido de recusa ao Presidente do Centro, sendo a decisão tomada por este (art. 12.º, n.º 3 do respetivo diploma).

Ainda relativamente a este ponto, importa ter presente que mesmo que as partes estabeleçam os trâmites do processo de recusa, devem ser garantidos alguns princípios basilares do processo arbitral, como o *princípio do contraditório* e da *igualdade*, como referimos no capítulo anterior. Desta feita, deve ser dada oportunidade ao árbitro alvo de se pronunciar

---

[287] MARIANA FRANÇA GOUVEIA chama-nos a atenção para o facto de, em regra, o árbitro sair voluntariamente do processo, especialmente em arbitragens internacionais (*vide Curso...*, p. 206).

[288] Cfr. PETER BINDER, *Ob. cit.*, p. 193.

[289] Sobre o processo de recusa em alguns centros de arbitragem institucionalizada, veja-se ALAN REFERN e MARTIN HUNTER, *Ob. cit.*, pp. 209-210.

O DEVER DE REVELAÇÃO COMO PROBLEMA DE INDEPENDÊNCIA [...]

relativamente às circunstâncias reveladas. Por outro lado, tendo em consideração que o processo de recusa ocorre essencialmente entre o árbitro e a parte que não o designou[290], e considerando que a LAV prevê que a parte que tenha designado um árbitro só o pode afastar por motivos que desconhecia (ou seja, que tenham surgido posteriormente à constituição do tribunal arbitral), deve ser dada a possibilidade à parte *não-recusante* de se fazer ouvir[291], nos termos do art. 13.º, n.º 3 da LAV.

Supomos que, à partida, o árbitro tende a afastar-se voluntariamente do processo, mas caso não o faça e a parte *não-recusante* considere que o árbitro nomeado por si deve continuar no processo, cabe ao tribunal arbitral tomar esta decisão, a não ser que as partes tenham acordado outra solução (art. 14.º, n.º 2, última parte). Na hipótese de o pedido de recusa ser indeferido, pode o tribunal estadual ser chamado a intervir no processo (n.º 3 do referido artigo), devendo a parte que pretende o afastamento do árbitro suscitar a recusa do árbitro ao tribunal estatal competente no prazo de quinze dias a contar da notificação da decisão do tribunal arbitral (sendo esta decisão irrecorrível, tal como é, aliás, a decisão que destitua um árbitro do processo

---

[290] Cfr. PEDRO MARTÍNEZ GONZÁLEZ, *Ob. cit.*, p. 59.

[291] Note-se que «*Perante a revelação ou perante o conhecimento de factos não revelados, a parte que não nomeou esse árbitro pode recusar a sua designação, assim como pode requer a parte que o designou se os factos objeto de revelação não eram do seu conhecimento.*» (*vide* ANTÓNIO MENEZES CORDEIRO, *Ob. cit.*, pp. 163-167).

O DEVER DE REVELAÇÃO

pelas razões elencadas no art. 15.º, n.ᵒˢ 1 e 3). Concluímos, assim, que o árbitro pode ser destituído do processo por vontade das partes, pelo tribunal arbitral ou, em último recurso, pelo tribunal estadual[292].

Fazemos a ressalva de que, apesar de não estar expressamente previsto no art. 14.º, analisando o plasmado nos preceitos 13.º, n.º 2 e 16.º, n.º 2[293], entendemos que a decisão de destituir o árbitro deve ser tomada até à prolação da sentença, sob pena de se invocar, *a posteriori*, a anulação da mesma pelo facto de não estarem preenchidos os requisitos da independência e imparcialidade do árbitro[294] (art. 46.º, n.º 3, al. a), *iv*))[295].

Analisados os regimes do dever de revelação e, consequentemente, do processo de recusa do árbitro, vejamos agora alguns exemplos práticos que podem suscitar o afastamento de um árbitro do processo: pense-se na hipótese de um árbitro proferir declarações relativamente a qualquer um dos intervenientes e/ou ao objeto ali em disputa. Este facto pode, ou não, gerar sérias dúvidas quanto à sua independência e imparcialidade? A conclusão parece-nos que terá de ser, obviamente, afirmativa, uma vez que a existência de comentários públicos de um árbitro sobre um dos

---

[292] Cfr. MÁRIO ESTEVES DE OLIVEIRA, *et. al.*, *Ob. cit.*, p. 208 e ss.

[293] Cfr. MÁRIO ESTEVES DE OLIVEIRA, *et. al.*, *Ob. cit.*, p. 214.

[294] MARIANA FRANÇA GOUVEIA justifica esta solução da LAV para evitar que, posteriormente, se invoque a anulação da sentença (*vide Curso...*, p. 206).

[295] Cfr. FREDERICO GONÇALVES PEREIRA, *Ob. cit.*, pp. 169-170.

intervenientes processuais ou sobre a disputa em si, mesmo que não sejam proferidos de forma direta (ou seja, através de, por exemplo, jornais, revistas, rádio, televisão, redes sociais), constitui um fator mais que suficiente para que um árbitro esteja obrigado a revelar esse facto às partes, pois mesmo que segundo o juízo do árbitro este não sentisse necessidade de revelar esse facto, na perspetiva de um terceiro imparcial essa circunstância poderia suscitar sérias dúvidas aos intervenientes no processo.

Ainda que de forma indireta, é este o entendimento plasmado na Parte I dos Conflitos de Interesses (cfr. als. b) e c)), quando se afirma que existem dúvidas justificáveis se um terceiro imparcial e informado pudesse concluir que seria muito provável que o árbitro estivesse a ser mais influenciado pela situação factual do caso do que propriamente pelo mérito da questão, o que se poderia verificar se um árbitro proferisse declarações prévias sobre a factualidade do caso, sobre os intervenientes ou sobre o problema ali em discussão.

De acordo com as disposições das listas da IBA e seus princípios, este facto concreto pode ser enquadrado no ponto 3.5.2 da lista laranja, não se impondo de imediato a sua revelação por ter de existir uma análise casuística. Claro que, como já referimos, as listas da IBA não padecem, em princípio, de um carácter obrigatório, mas não deixa de ser criticável que uma circunstância destas (em que qualquer uma das partes pode saber de antemão a posição específica do árbitro relativamente, por exemplo, à matéria ali em discus-

O DEVER DE REVELAÇÃO

são) não esteja incluída na lista vermelha renunciável para que, pelo menos, se exija do árbitro a imediata revelação desse facto e possa haver posteriormente uma avaliação do mesmo[296].

Pondere-se agora um caso em que uma parte vem alegar, entre outros argumentos, a existência de irregularidades na constituição do tribunal arbitral devido à relação existente entre um dos árbitros e a sociedade de advogados que representa a outra parte (tendo o respetivo árbitro mantido ligações profissionais com o advogado daquela). Para além disso, é também invocado o facto de um dos árbitros ser amigo no *facebook* de uma das partes e/ou do seu advogado. Não cremos que o dever de revelação se exija em ambos os casos. Vejamos.

---

[296] Veja-se o Ac. do Cour Permanente D'Arbitrage, de 8 de dezembro de 2009, que opõe uma empresa francesa, *Perenco*, contra *Ecuador* e a sua empresa estatal de petróleo, *Petroecuador*, no âmbito da ICSID. Neste caso, as partes tiveram conhecimento, já depois de constituído o tribunal arbitral, da existência de uma entrevista pública (*«A World-Class Arbitrator Speaks!»*) dada pelo árbitro nomeado pelo demandante no The Metropolitan Corporate Counsel, um conhecido jornal público. Nesta entrevista pôde constatar-se que o árbitro teceu comentários referentes a *Ecuador*, uma das partes no processo, bem como sobre os procedimentos pendentes no ICSID. Naturalmente, foi suscitado um pedido de recusa desse árbitro pelos demandados, tendo o tribunal decidido que *«[...] the comments do give rise to an appearance that Judge Brower has prejudged the issue»* (pontos 44 e 58 da decisão). Para além de ter havido, *a priori,* uma clara omissão de revelação, este facto constituía, em nosso entender e em concordância com o que foi decidido, um motivo mais que justificável para que o árbitro fosse afastado do processo.

O DEVER DE REVELAÇÃO COMO PROBLEMA DE INDEPENDÊNCIA [...]

As ligações do árbitro com uma sociedade que represente e aconselhe juridicamente uma das partes intervenientes no processo é um fator que, tendo em conta, pelo menos, o *critério objetivo*, deve ser imediatamente revelado pelo árbitro. Contudo, no que diz respeito à circunstância de um dos árbitros estar ligado a uma das partes por uma rede social – não obstante o peso crescente que as redes sociais e profissionais têm atualmente –, entendemos que, em regra, não se pode exigir a sua revelação unicamente por existir essa conexão, sob pena de se revelarem factos que inclusivamente aos olhos das partes poderiam ser perfeitamente irrelevantes. Se assim não fosse, em quase todos os processos arbitrais esta circunstância teria de ser revelada, uma vez que a maioria dos utilizadores das redes pessoais e profissionais encaram-nas numa perspetiva de autopromoção ou lazer, não se estabelecendo uma verdadeira relação entre eles.

O simples facto de os intervenientes estarem virtualmente ligados não impõe que o árbitro revele imediatamente esse facto, nem nos parece sensato admitir que as partes o consideram como tal (a não ser que esta questão tenha sido previamente delineada por elas). Por exemplo, se atentarmos no ponto 4.3.1 da lista verde das listas da IBA, parece-nos existir semelhante interpretação: deste modo, julgamos que este ponto abrange as situações em que o árbitro se encontra conectado através de alguma rede social (como, por exemplo, o *facebook, instagram, twitter*, etc.) ou profissional (por exemplo, o *linkedin*), com uma

O DEVER DE REVELAÇÃO

parte ou com o respetivo advogado, mas onde, objetivamente, não é mantida qualquer tipo de relação com a parte. No entanto, se houver algum elemento que possa denunciar uma hipotética relação mais próxima entre ambos (tendo como exemplo a existência de comentários *online* que denunciem um envolvimento mais próximo) já poderão existir indícios de uma ligação mais íntima entre ambos. No fundo, apesar de esta situação, por si, não constituir uma circunstância que impõe a revelação imediata do árbitro, este deve ter em atenção se existem outros fatores que podem suscitar fundadas dúvidas às partes e que o possam colocar num plano de suspeição[297].

Imagine-se, por outro lado, uma situação em que se suspeita que uma sociedade de advogados onde um dos árbitros prestou aconselhamento jurídico e representou uma das partes em vários processos, para além

---

[297] Atente-se na decisão do Paris Court of Appeal, de 10 de março de 2011. Este caso expõe um processo arbitral que ocorreu entre entre *Tecso* e *Neoelectra*, em França. *Tecso* recorreu para o Tribunal de Recurso de Paris e suscitou a recusa do árbitro pelas situações acima descritas. O tribunal considerou que foi violado o dever de revelação por o árbitro ter omitido, no início do processo, as ligações entre a sua sociedade de advogados e uma das partes. Contudo, o tribunal rejeitou os argumentos da *Tecso* no que diz respeito à existência de uma relação com o advogado da *Neoelectra* na rede social *facebook*, decidindo – e numa perspetiva certeira – que os supostos laços entre ambos não eram suficientes para colocar em dúvida a imparcialidade e independência do árbitro, uma vez que «*[...] l'obligation d'information qui pèse sur l'arbitre afin de permettre aux parties d'exercer leur droit de récusation doit s'apprécier au regard de la notoriété de la situation critiquée et de son incidence sur le jugement de l'arbitre [...]*».

O DEVER DE REVELAÇÃO COMO PROBLEMA DE INDEPENDÊNCIA [...]

de já ter desenvolvido alguns projetos comerciais com companhias relacionadas com as partes no decurso do processo arbitral. Numa primeira análise, os acontecimentos descritos são, evidentemente, merecedores de revelação por parte do árbitro. Repare-se, particularmente, no facto de a sociedade de advogados onde um dos árbitros exerce a sua atividade profissional prestar serviços jurídicos a uma das partes (podendo mesmo o árbitro não estar diretamente envolvido): só esta circunstância teria de ser revelada, uma vez que, pelo menos sob a perspetiva das partes, seria muito difícil o árbitro conseguir manter a condução do processo de forma absolutamente isenta visto que se parte do pressuposto que este assume a identidade da sociedade onde desempenha funções[298] (Parte I do ponto 6 do mesmo diploma (cfr. al. a)). Neste sentido, no ponto 2.3.5 da lista vermelha renunciável das listas IBA também se prevê que seria obrigatória a revelação deste facto, deixando-se ao critério das partes a decisão sobre a manutenção do árbitro.

De seguida, levanta-se a questão de a referida sociedade patrocinar uma das empresas ligadas a

---

[298] Parece-nos que apesar de existirem alguns casos onde árbitro pode não estar diretamente envolvido em determinadas relações profissionais com as partes, em que os contactos profissionais ocorrem exclusivamente entre uma das partes e a sua sociedade de advogados, por exemplo, a obrigação de revelação do árbitro deve-se impor pelo simples facto de estarmos perante uma circunstância que pode vir a suscitar dúvidas na parte contrária, dado que se presume que os árbitros assumem sempre a identidade da sociedade ou empresa onde trabalham ou possam ter trabalhado.

O DEVER DE REVELAÇÃO

uma das partes: consideramos que tal facto também constituía uma circunstância que deveria ter sido previamente revelada. Seria também exigível a revelação do facto de a sociedade de advogados se ter envolvido num projeto com uma das partes (ou com alguma das suas empresas-mãe ou outras filiais), pois facilmente se poderiam criar suspeitas quanto ao possível interesse financeiro do árbitro no processo. Também parece ser este o entendimento das IBA Guidelines, nos pontos 2.3.1 e 2.3.6 da lista vermelha renunciável.

Este conjunto de circunstâncias justificam, indiscutivelmente, a prévia revelação pelo árbitro[299] (repare-se que, mesmo que o árbitro desconhecesse tais factos aquando do início do processo, este teria a obrigação de os revelar durante todo o processo arbitral). Contudo, tal não significa que todas as relações existentes entre os árbitros e um dos intervenientes devam ser sempre reveladas. Por exemplo, existem relações ou contactos prévios entre os árbitros e os advogados das partes que não são merecedoras de revelação, como o facto de um árbitro atuar juntamente com outro árbitro num processo sem antes referir que ambos já tinham participado numa outra disputa onde um dos árbitros era representante legal de uma das partes[300].

---

[299] Esta questão foi debatida num processo decidido pela Paris Court of Appeal, de 12 de abril de 2016. Este caso opunha a Tecnimont, uma empresa de engenharia e construção italiana, contra Avax, uma companhia comercial grega, no âmbito do ICC.

[300] Atente-se a decisão de La Corte Suprema de Justicia de Colombia, de 28 de julho de 2017.

O DEVER DE REVELAÇÃO COMO PROBLEMA DE INDEPENDÊNCIA [...]

Veja-se agora o caso em que é suscitado um incidente de recusa do árbitro pelo facto de este não ter revelado a sua participação noutros processos arbitrais no âmbito da mesma lei ou com o mesmo objeto. Esta circunstância levanta, desde logo, dois problemas: a questão da possível dependência económica do árbitro e a sucessiva intervenção do árbitro em processos arbitrais semelhantes, que pode constituir um motivo de parcialidade. Na verdade, apesar de a dependência económica estar associada à verificação de uma multiplicidade de nomeações em que se denote que o árbitro se descaracteriza perante uma determinada parte, suspeitando-se significativamente do seu interesse económico no processo (veja-se o ponto 1.3 da lista vermelha irrenunciável das listas IBA), esta situação tem de ser atenuada quando estejamos perante matérias que exijam conhecimentos muito especializados que nem todos os árbitros têm (por exemplo, em casos de arbitragens relativas a medicamentos genéricos, a conflitos desportivos, etc.). Porém, e independentemente do supra exposto, este é um facto que deve ser logo revelado uma vez que, pelo menos segundo a perspetiva das partes, poder-se-iam levantar sérias suspeitas sobre o árbitro.

Quanto às sucessivas nomeações do árbitro em processos idênticos, a revelação destes factos é sempre exigida mesmo que estejamos perante um tipo de matéria que pressupõe conhecimentos muito específicos, em concordância com as listas da IBA (pon-

O DEVER DE REVELAÇÃO

tos 2.1.2 e 3.1.5). Neste sentido, independentemente de um árbitro se considerar capaz de levar a cabo o processo de forma isenta, tem de considerar sempre os factos que possam ter interesse para as partes, sendo que, perante uma situação destas, naturalmente poderiam surgir fundadas dúvidas acerca da sua imparcialidade. Estas circunstâncias realçam a importância de um árbitro ter sempre em consideração a perspetiva objetiva, devendo logo ser revelado um facto que um árbitro justo, sensato e imparcial considerasse importante, evitando que as partes viessem a requerer a sua substituição numa fase posterior. Verificam-se frequentemente situações em que, por um árbitro não revelar determinados factos, já o torna, perante as partes, suspeito[301].

---

[301] Considere-se, por exemplo, o Ac. n.º 1361/14.0YRLSB.L1-1 do TRL, de 24 de março de 2015, que determinou o afastamento de um árbitro por este ter participado em cinquenta arbitragens no âmbito da Lei n.º 62/2011, de 12 de dezembro e por ter sido nomeado em, pelo menos, cinquenta e três arbitragens iniciadas por titulares de patentes. JOSÉ MIGUEL JÚDICE e DIOGO CALADO concordam com a decisão proferida pelo tribunal, que veio alegar que as circunstâncias descritas eram aptas a pôr em causa a isenção do árbitro por existirem interesses subjacentes do árbitro que se revelavam incompatíveis com as funções de um árbitro independente e imparcial (*vide Ob. cit.*, p. 42). Para além deste, atente-se no Ac. n.º 827/15.9YRLSB-1 do TRL, de 29 de setembro de 2015, referente a um processo também iniciado ao abrigo da Lei n.º 62/2011, de 12 de dezembro, em que o tribunal argumentou que perante uma situação onde o árbitro já tenha sido sucessivamente nomeado em processos arbitrais no âmbito desta Lei, mantendo-se a mesma substância ativa, seria exigível a prévia revelação desse facto às partes por existirem

O DEVER DE REVELAÇÃO COMO PROBLEMA DE INDEPENDÊNCIA [...]

Finalmente, e apesar de haver poucas decisões que retratem esta circunstância, cabe-nos explicitar uma situação que também poderá levantar alguns problemas relativamente à isenção do árbitro. Falamos dos casos em que os peritos são nomeados pelos árbitros e em que ambos mantém uma relação próxima. Tendo em conta que a decisão do tribunal é, por vezes, fortemente influenciada pela opinião dada pelos peritos, consideramos que o árbitro deve ponderar a revelação deste facto se, por hipótese, mantiver uma forte relação com o perito nomeado (como aliás se prevê no ponto 3.4.3 da lista laranja da IBA)[302].

2. O papel da *soft-law* na regulação do *disclosure*

Num contexto em que a arbitragem tem vindo a registar um rápido crescimento[303], assumindo-se atualmente como o meio de resolução alternativa

fundadas dúvidas sobre a isenção do árbitro. Nestes casos, a possível dependência económica do árbitro perante as partes que o tenham sucessivamente nomeado pode revelar-se um verdadeiro obstáculo a uma condução isenta do processo. Especificamente no caso em apreço, deveria ter sido revelado de imediato este facto, evitando-se assim «[...] a surpresa da demandada resultante [...] que o tornou aos "olhos da demandada" parcial, logo, não independente.».

[302] Por não dominarmos a língua em causa não nos foi possível analisar minuciosamente o caso que aborda esta temática, do Federal Court of Justice of Germany, de 2 de maio de 2017.

[303] Cfr. GOMES CANOTILHO e VITAL MOREIRA, *Ob. cit.*, p. 507.

O DEVER DE REVELAÇÃO

de litígios com maior projeção a nível mundial[304] (e repare-se que não falamos apenas no número de litígios que têm sido discutidos em sede arbitral, mas também no tipo de processos em questão que envolvem, frequentemente, empresas e sociedades de advogados a nível mundial, onde se disputam elevados valores e onde as partes acabam por fazer, inevitavelmente, investimentos avultados), têm surgido variadas normas que visam contribuir para a regulamentação deste meio, visando uniformizar as práticas arbitrais mais adequadas a servir as partes, tanto em arbitragem nacional como internacional[305]: referimo-nos ao fenómeno da proliferação das normas de *soft-law* (isto é, ao recurso a normas ou princípios que embora possam ter aplicação jurídica e, consequentemente, possam produzir efeitos legais, não são, em regra, vinculativas para as partes[306])[307].

---

[304] Sobre o fenómeno de internacionalização da arbitragem em Portugal, veja-se DUARTE GORJÃO HENRIQUES, «Portugal...», p. 494 e ss.

[305] Cfr. MILUSE HRNČIŘÍKOVÁ, «The Meaning of Soft-Law in International Commercial Arbitration», 2016, pp. 98-99.

[306] Cfr. JAN KLABBERS, «The Redundancy of Soft Law», 1996, p. 168; PAULA HODGES, «Chapter II: The Arbitrator and The Arbitration Procedure, The Proliferation of "Soft-Laws" in International Arbitration: Time to Draw the Line?», 2015, p. 208.

[307] PAULA HODGES afirma que *«Over the last 15 years, numerous guidelines and rules have been published within the arbitration sphere at a local, institutional and international level. These guidelines and rules seek to codify best, or at least internationally accepted, practice and to offer parties the chance to introduce a degree of consistency and predictability to the arbitral process.»* (*vide Ob. cit.*, p. 205).

Na verdade, ainda que nem todos os instrumentos de *soft-law* detenham a mesma relevância (e, quiçá, credibilidade)[308], é inegável o importante papel que tem sido atribuído às normas de *soft-law*, não só por contribuírem como possíveis soluções mais adequadas à realidade da arbitragem[309] – uma vez que ilustram, normalmente, a prática arbitral[310] e são desenvolvidas maioritariamente por especialistas (sujeitos não estaduais, portanto[311]) –, mas também porque contribuem significativamente para a elaboração de regras jurídicas[312].

[308] ALEXIS MOURRE chama-nos a atenção para o facto de os instrumentos mais relevantes de *soft-law* serem elaborados por «*[...] an organization with sufficient representativity and experience in rule making. The IBA, of course, has this kind of experience, but others do as well, such as ICCA or the Chartered Institute. Second, [...] the arbitral community needs to be consulted as widely as possible. Third, any rule-making exercise needs to reflect the wide cultural diversity of the arbitral community, so that the final product will not be perceived as an expression of a particular legal culture as opposed to another.*» (*vide* «About Procedural Soft Law, the IBA Guidelines on Party Representation and the Future of Arbitration», 2017, p. 242).

[309] Como ensina MILUSE HRNČIŘÍKOVÁ, «*[...]the soft law should be used mainly as a tool for the predictability of a decision in international commercial arbitration on the one side and on the other arbitral tribunals should have maintained the courage to accommodate the procedure and also invent rules that would satisfy the needs of each case.*» (*vide Ob. cit.*, p. 109).

[310] Cfr. MILUSE HRNČIŘÍKOVÁ, *Ob. cit.*, p. 106; WILLIAM W. PARK, «Soft Law and Transnational Standards in Arbitration: The Challenge of Res Judicata», 2016, p. 2.

[311] Cfr. GABRIELLE KAUFMANN-KOHLER, *Ob. cit.*, p. 285.

[312] Cfr. ANTÓNIO MARQUES DOS SANTOS, *Direito Internacional Privado – Introdução, I Volume*, 2000, pp. 41-42; WILLIAM W. PARK, *Ob. cit.*, p. 4.

O DEVER DE REVELAÇÃO

Deste modo, pese embora se reconheça frequentemente o cariz persuasivo das normas de *soft-law*, estas não padecem, à partida, de um carácter legal e vinculativo[313]. Não detém, por isso, força jurídica[314]. Ainda assim, caso as partes estipulem recorrer às regras de *soft-law* (o que se pode revelar muito útil em casos onde estas provenham de conjunturas sociais, políticas e económicas diferentes[315], visto que estas regras podem facultar soluções mais adequadas a suprir as necessidades de ambas as partes), os instrumentos de *soft-law* tornam-se vinculativos para todos os intervenientes processuais. Quer-se com isto dizer que, no decurso do processo arbitral, o recurso a regras de *soft-law* pode mostrar-se obrigatório desde que as partes assim o acordem, tendo-se sempre presente os limites do processo justo[316].

Considerando a flexibilidade que se reconhece, sem reservas, ao processo arbitral – comparativamente

---

[313] MILUSE HRNČIŘÍKOVÁ refere que *«Soft law are considered to be part of the procedural measures that the arbitrators consider appropriate.»* (*vide Ob. cit.*, p. 105).

[314] Sobre o papel das *soft-law*, JAN KLABBERS afirma que *«Instead of a binary divison into black and white, there is [...] a large grey zone in between, occupied by those documents and instruments which are not clearly law, but cannot be said to be legally insignificant either.»* (*vide Ob. cit.*, p. 167). Na perspetiva de GABRIELLE KAUFMANN-KOHLER, *«In spite of the lack of enforceability, the addressees of soft law norms can perceive it as binding and, even if they do not, they may choose to abide by it on their own accord.»* (*vide Ob. cit.*, p. 284).

[315] Cfr. WILLIAM W. PARK, *Ob. cit.*, p. 1.

[316] Cfr. MILUSE HRNČIŘÍKOVÁ, *Ob. cit.*, pp. 105-107.

O DEVER DE REVELAÇÃO COMO PROBLEMA DE INDEPENDÊNCIA [...]

com o processo judicial (como analisámos, aliás, no último capítulo) –, tende-se a argumentar que o excesso de regulamentação da arbitragem pode limitar a autonomia que é reconhecida às partes e, inerentemente, aos árbitros[317]. Cremos, ainda assim, que a garantia de segurança jurídica das partes deve sempre prevalecer sobre a possível e (inevitável) restrição do cariz flexível do processo arbitral, sendo que tal só é possível através dos fenómenos da regulamentação e da codificação[318] (que vêm, no fundo, configurar o carácter previsível da arbitragem[319]).

Com efeito, tem surgido o receio que o excessivo recurso aos instrumentos de *soft-law* se vulgarize e crie sérios limites à autonomia e liberdade do próprio árbitro[320]. Neste sentido, consideramos

[317] Nas palavras de ALEXIS MOURRE, «*Arbitration is fundamentally the exercise of a human freedom. And because it rests so intensely on party autonomy, it has developed a culture that is instinctively adverse to regulation.*» (*vide Ob. cit.*, p. 239).

[318] DUARTE GORJÃO HENRIQUES relembra-nos que «*[...] não tem sido uniforme o movimento de "codificação" nesta área. Com efeito, nem todas as instituições promulgaram ou adoptaram expressamente um código de conduta ("Code of Ethics").*» (*vide* «Portugal...», p. 496).

[319] Relativamente a este fenómeno, ALEXIS MOURRE admite que «*[...] arbitration is the privatization of another important sovereign function: the administration of justice. And exactly like the banking system needs to be seen as sound and reliable in its functions of collecting savings and lending money to economic actors, for arbitration to survive, it must be seen by its stakeholders as a fair, reliable, and predicable system of justice. [...] The development of soft law is an element of objectivation of arbitration that is such as to increase the confidence in, and the acceptability of, the process.*» (*vide Ob. cit.*, pp. 240-241).

[320] Cfr. ALEXIS MOURRE, *Ob. cit.*, p. 244.

O DEVER DE REVELAÇÃO

que estes instrumentos devem ser utilizados como complementos à condução do processo arbitral (não sendo sequer obrigatória a sua consulta), pois apesar de reconhecermos a influência positiva que podem deter na regulação de determinadas matérias[321], estes tendem a funcionar, sobretudo, como guias de interpretação[322]. Foi precisamente com este propósito que foram elaboradas as listas da IBA[323].

Como temos vindo a referir ao longo do presente trabalho, tem sido frequente o recurso às IBA Guidelines[324], comumente denominadas como

---

[321] Cfr. ANTÓNIO MARQUES DOS SANTOS, *Ob. cit.*, p. 41. PAULA HODGES reforça a ideia de que os instrumentos de *soft-law* também podem ser tidos em conta pelos próprios tribunais judiciais (*vide Ob. cit.*, p. 212).

[322] Cfr. JAN KLABBERS, *Ob. cit.*, p. 177.

[323] A IBA é uma associação privada de profissionais que engloba ordens e associações de advogados de vários países, bem como especialistas em arbitragem internacional, sendo uma das maiores e mais influentes associações no mundo da arbitragem internacional (*vide*, entre outros, GABRIELLE KAUFMANN-KOHLER, *Ob. cit.*, p. 290 e ss.) . O aparecimento das Listas IBA é, ainda que de forma genérica, justificado na nota introdutória da própria diretiva: «*Arbitrators and party representatives are often unsure about the scope of their disclosure obligations. [...] It is in the interest of the international arbitration community that arbitration proceedings are not hindered by ill-founded challenges against arbitrators and that the legitimacy of the process is not affected by uncertainty and a lack of uniformity in the applicable standards for disclosures, objections and challenges.*»

[324] Cfr., por todos, ALAN REDFERN e MARTIN HUNTER, *Ob. cit.*, pp. 205-206; PETER BINDER, *Ob. cit.*, p. 186. AGOSTINHO PEREIRA DE MIRANDA e PEDRO SOUSA UVA acreditam que o crescente recurso às listas da IBA se justifica não só pelo aumento de

O DEVER DE REVELAÇÃO COMO PROBLEMA DE INDEPENDÊNCIA [...]

o *starting point*[325] nesta temática[326], não obstante existirem outros instrumentos de *soft-law*, nomeadamente os desenvolvidos pela UNCITRAL[327].

Nesta senda, estas listas têm vindo a assumir um papel crucial na previsão de forma exaustiva (mas não taxativa)[328] das regras gerais sobre independência e imparcialidade dos árbitros, bem como da sua respetiva aplicação prática[329], impondo a obrigatoriedade de o árbitro não só revelar os factos a que esteja obrigado, como também de investigar possíveis conflitos de interesses que possam surgir tendo

arbitragens internacionais (que implica o envolvimento de diferentes sociedades de advogados em arbitragens), mas principalmente pelo facto de existir uma *«[...] multiplicidade de critérios, fontes e normas [...]»* que poderiam originar diferentes soluções para casos semelhantes (*vide Ob. cit.*, pp. 23-24).

[325] Cfr. AGOSTINHO PEREIRA DE MIRANDA e PEDRO SOUSA UVA, *Ob. cit.*, p. 26.

[326] GARY BORN afirma que *«The manner in which the tribunal exercises its discretion over matters of disclosure differs substantially from one arbitration to another, but a representative "international" approach to the subject has begun to evolve in recent decades, based generally on the IBA Rules [...]»* (*vide Ob. cit.*, p. 2321). NIGEL BLACKABY, *et. al.*, consideram que as listas da IBA contribuíram significativamente para uma previsão mais clara das obrigações impostas aos árbitros (*vide Ob. cit.*, p. 332).

[327] Sobre a lei-modelo UNCITRAL, leia-se GABRIELLE KAUFMANN-KOHLER, *Ob. cit.*, p. 291-293.

[328] AGOSTINHO PEREIRA DE MIRANDA refere que a aceitação das listas da IBA tem vindo a reforçar a responsabilização e transparência que marcam a arbitragem (*vide* «O Estatuto...», pp. 68-69). Cfr. BERNARDO REIS, «O Estatuto...», p. 29; SELMA FERREIRA LEMES, *Ob. cit.*, p. 49.

[329] Cfr. PAULA HODGES, *Ob. cit.*, pp. 205-207.

em consideração o ponto de vista das partes[330] (faz-se novamente a ressalva de que estes instrumentos não têm qualquer valor legislativo, excetuando-se os casos em que as partes estipulem o contrário na convenção arbitral).

De acordo com o que temos vindo a defender e como se refere na Parte I dos Conflitos de Interesses (cfr. als. a) e b)), para aferir a necessidade de revelação em cada caso particular são-nos facultados dois critérios: o *critério objetivo*, que se prende com a posição de um terceiro imparcial naquela determinada situação[331]; e o *critério subjetivo*, que se refere à perspetiva que o próprio árbitro tem sobre a importância da revelação de determinado facto. Nestes termos, pode ler-se que um árbitro deve recusar a sua nomeação se, segundo a perspetiva de um terceiro imparcial, subsistissem sérias dúvidas quanto à sua independência e imparcialidade.

Repare-se que, dada a natureza privada da constituição dos tribunais arbitrais, surgem com alguma frequência suspeitas relacionadas com a ligação dos árbitros com as partes (assim como das sociedades de advogados que as representam), num contexto fortemente marcado pela expansão de negócios interna-

---

[330] Cfr. AGOSTINHO PEREIRA DE MIRANDA, «Investir...», p. 17.

[331] ALAN REDFERN e MARTIN HUNTER não partilham do mesmo entendimento: *«[...] the subjective test as to whether they might cause doubt in the mind of the parties involved in the specific case in question.»* (*vide Ob. cit.*, p. 204).

cionais (sendo exatamente por esta razão que as listas da IBA se ocupam maioritariamente com a previsão desses factos[332]).

Com efeito, e como já fomos mencionando ao longo do presente trabalho, estas têm a particularidade de distinguir o grau de importância do possível comprometimento do árbitro no processo em três listas: a *lista vermelha*, a *lista amarela* e a *lista verde*[333]. Como

---

[332] Ainda neste âmbito, cabe-nos referir a figura do *third-party funding*, um modelo de negócio que tem crescido muito a nível internacional e que garante a possibilidade de uma das partes recorrer a terceiros, os *funders*, para que estes fiquem encarregues do pagamento dos encargos do processo arbitral sem quaisquer garantias de retorno, visto que só em caso de sucesso das partes que representam é que são reembolsados. Nesta esteira, estes são considerados «*[...] equivalent of the party*», como refere a General Standard 6, als. a) e b), das IBA Guidelines, uma vez que dispõem de um óbvio interesse económico no resultado do processo que se justifica pelo investimento que fizeram. Sobre este tema, leia-se DUARTE GORJÃO HENRIQUES, «Third Party Funding" ou o Financiamento de Litígios», 2015, p. 576.

[333] Partilhamos inteiramente a opinião de BERNARDO REIS quando admite que estas listas são «*[...] uma ferramenta de apoio e não um código vinculativo [...]*» que se revela fundamental para orientar tanto as partes e respetivos advogados, como os árbitros, instituições de arbitragem e tribunais (*vide* «Reflexões...», pp. 85-86). PIERRE TERCIER defende que este instrumento não pode ser usado como um documento oficial e único, servindo apenas como inspiração. Segundo o autor, não existindo qualquer critério delimitativo do dever de revelação, estas listas pecam por se tornarem demasiado restritivas em alguns pontos e demasiado liberais noutros (*vide Ob. cit.*, p. 53). ANTÓNIO MENEZES CORDEIRO refere que, lamentavelmente, as Listas da IBA são cada vez mais usadas como um mero «*[...] instrumento ao serviço das partes [...]*», tornando, por exemplo,

O DEVER DE REVELAÇÃO

seria expectável, a lista vermelha é a lista que prevê as circunstâncias mais gravosas no que diz respeito às possíveis suspeitas de comprometimento do árbitro no processo, abrangendo a *non-waivable red list* – lista vermelha irrenunciável[334] –, que espelha as situações onde vigora o ideal de que ninguém pode ser juiz em causa própria e onde se exige, por isso, o imediato afastamento do árbitro do processo, ignorando-se a hipotética vontade das partes dado que se cria uma situação de verdadeiro conflito de interesses. Aliás, logo na Parte I dos Conflitos de Interesses (cfr. al. d)), é referido que existem sempre dúvidas quanto à isenção do árbitro quando se esteja perante alguma das circunstâncias que integrem esta lista. A título de exemplo, como fundamentos integrantes da *non-waivable red list*, podemos referir o caso em que existe uma identidade entre o árbitro e uma das partes; o facto de o árbitro ser o mandatário legal da parte ou ser empregado de alguma entidade que seja parte naquele processo; a existência de um interesse pessoal ou económico do árbitro nas partes ou no processo; o facto de o árbitro (ou a respetiva sociedade,

o procedimento de recusa um momento processual cada vez mais banal (*vide Ob. cit.*, p. 163).

[334] RUTE ALVES considera certeiramente que a lista vermelha irrenunciável se prende com situações que não têm que ver, de forma direta, com o que deve ser revelado ou não, mas antes com «*[...] verdadeiro conflito de interesses, tanto do ponto de vista subjetivo com objetivo e perante as quais é esperado que o árbitro, mais do que revelar, recuse a nomeação.*» (*vide Ob. cit.*, p. 194).

O DEVER DE REVELAÇÃO COMO PROBLEMA DE INDEPENDÊNCIA [...]

com ou sem o seu conhecimento) ter prestado aconselhamento jurídico ou ter representado legalmente uma das partes; entre outros.

Por outro lado, surge-nos a *waivable red list* – lista vermelha renunciável –, que inclui as circunstâncias que apesar de poderem suscitar sérias dúvidas às partes, não impõem o imediato afastamento do árbitro do processo, podendo este manter a sua nomeação caso ambas as partes assim o entendam. Nesta lista estão previstos, por exemplo, os casos em que o árbitro tenha prestado algum tipo de aconselhamento a uma das partes sobre o litígio em questão ou tenha tido um envolvimento prévio no processo; o árbitro tenha mantido uma relação próxima com um familiar de alguma das partes; o árbitro (ou algum membro da sua família) detenha algum tipo de interesse financeiro no processo; o árbitro seja recorrentemente o representante de alguma das partes; o árbitro mantenha uma relação familiar com uma das partes ou o árbitro seja advogado na mesma sociedade do que um dos representantes das partes.

Adiante, a lista laranja[335] especifica as situações que, apesar de não ser imposta a sua imediata revelação, podem suscitar dúvidas justificáveis às partes. Exige-se, desta feita, uma análise casuística por parte do árbitro para aferir a necessidade de revelação de

---

[335] Cfr., por todos, ALAN REDFERN e MARTIN HUNTER, *Ob. cit.*, p. 205; PETER BINDER, *Ob. cit.*, pp. 187-188; WALTER H. RECHBERGER, *Ob. cit.*, pp. 1045-1046; ANTÓNIO MENEZES CORDEIRO, *Ob. cit.*, p. 154.

determinados factos e, posteriormente, das partes, uma vez que estes poderão ter que avaliar se aquelas circunstâncias são suficientemente graves para afastar o árbitro do processo.

Veja-se, por exemplo, o caso de o árbitro ter sido advogado de uma das partes nos últimos três anos ou ter sido nomeado pela mesma parte pela segunda vez (ou mais) consecutiva nos últimos três anos; o facto de o árbitro manter uma relação pessoal de amizade com o diretor de uma entidade que tenha interesse direto no resultado do processo; o árbitro ser advogado na mesma sociedade do que outro árbitro; o árbitro ter publicamente defendido uma posição relativamente a um caso ou a algum interveniente no processo ou o árbitro ter atuado como advogado com outro árbitro/advogado da parte há, pelo menos, três anos[336].

Por último, surge-nos a lista verde que enumera as circunstâncias que não põem em causa a isenção dos árbitros, ou seja, cuja revelação dos factos não é exigida aos árbitros por se considerar que não estão em causa conflitos de interesses. São exemplos desses factos as opiniões que tenham sido dadas pelo árbitro num texto académico ou num jornal sobre a matéria alvo da arbitragem; o facto de o árbitro e de um advogado terem sido ambos nomeados como árbitros num outro processo arbitral ou o facto de o árbitro ter frequentado a mesma faculdade que outro árbitro ou advogado de uma das partes; etc.

---

[336] Cfr. RUTE ALVES, *Ob. cit.*, pp. 196-197.

O DEVER DE REVELAÇÃO COMO PROBLEMA DE INDEPENDÊNCIA [...]

Em suma, recorrendo-se a estas listas percebemos que o árbitro só deve aceitar conduzir determinado processo se não tiver quaisquer pretensões relativamente ao resultado do processo, bem como a qualquer interveniente processual. O árbitro deve evitar criar suspeitas sobre si, sendo que, por isso, deve ter sempre em consideração a revelação de factos que um terceiro imparcial julgasse essencial revelar, de forma a não colocar – sob o ponto de vista das partes –, a sua isenção em risco[337]. Nesta senda, não nos parece crucial que o árbitro tenha de revelar todas as circunstâncias em que tenha contactado previamente com um dos intervenientes no processo: o que importa garantir é que esses factos não influenciam o modo como o árbitro decidirá aquele processo e que aquelas circunstâncias não representam, para as partes, um motivo que as façam suspeitar do árbitro se por hipótese venham a ter conhecimento delas mais tarde.

Adiante, muito se tem discutido sobre a aplicabilidade das listas IBA em arbitragens domésticas. Por exemplo, alguns autores defendem que a aplicação das IBA Guidelines se mostra desadequada em Portugal, uma vez que foram pensadas para um contexto internacional e, em particular, para a realidade norte-americana[338]. Ora, é inegável que o recurso às

[337] Cfr. PETER BINDER, *Ob. cit.*, p. 186.
[338] Veja-se, por exemplo, a perspetiva de ANTÓNIO MENEZES CORDEIRO relativamente às IBA Guidelines quando defende que «*[...] há que a fazer passar por um minimum de adaptações, sob pena de irrealismo.*

O DEVER DE REVELAÇÃO

listas IBA tem de passar por um processo de adequação tendo em consideração o tipo de processo em questão, nomeadamente se estamos perante arbitragem doméstica ou internacional. Não compreendemos, contudo, que se fale numa total desadequação destas listas à realidade arbitral portuguesa visto que, se atentarmos nas listas vermelhas (irrenunciável e renunciável) das IBA Guidelines (que são, na verdade, as únicas listas que englobam a previsão de algumas das circunstâncias em que a revelação dos factos é obrigatória, mesmo que as partes não o entendam assim), não nos parece que se preveja nenhum facto cuja revelação pudesse, em momento algum, ser omitida, independentemente das especificidades do processo que estivessem ali em discussão.

Admitimos, contudo, que a lista laranja elenca situações que podem ser mais recorrentes em Portugal por ser um país francamente pequeno comparativamente com os Estados Unidos da América (atente-se nos pontos 3.1 ou 3.3 das listas IBA, por exemplo). Mas se por um lado admitimos que os processos de arbitragem em Portugal são tendencialmente mais aptos a facili-

[...] elas correspondem a práticas norte-americanas, discutidas no seu próprio País de origem e que a doutrina europeia propõe que sejam restritivamente interpretadas. [...] a realidade jurídica estado-unidense é muito diferente da nossa.» (vide Ob. cit., p. 156). Também DUARTE GORJÃO HENRIQUES adota esta posição, referindo que «[...] a sua aplicação pode ser potencialmente inadequada a comunidades arbitrais pequenas, como a Portuguesa, onde é praticamente impossível evitar a existência de relações pessoais mais ou menos estreitas entre os diversos atores.» (vide «Portugal...», p. 501).

O DEVER DE REVELAÇÃO COMO PROBLEMA DE INDEPENDÊNCIA [...]

tar o aparecimento de relações entre os intervenientes processuais e os árbitros, cremos que deve existir um cuidado acrescido nestes casos. É certo que se poderia cair numa tentação de revelação excessiva de todos os factos (particularmente os previstos na lista laranja), mas repare-se que esta lista não impõe, sequer, que o árbitro revele imediatamente qualquer facto aí previsto: o exercício que se pede é que o árbitro, atendendo ao caso concreto, pondere se deve ou não revelar determinado facto considerando essencialmente (para além do seu próprio juízo) a decisão que um «*bom pai de família*» teria naquele caso.

3. A omissão de revelação

A omissão de revelação diz respeito aos casos em que perante situações onde se impunha a revelação de determinadas circunstâncias aptas a afetar o modo como o árbitro conduzia o processo (art. 13.º, n.º 1 da LAV), este não as revelou durante o decurso do processo arbitral. Desta feita, no caso de o árbitro estar a obrigado a revelar determinada circunstância e omitir essa revelação, violando um dever a que o estava sujeito, tem de responder pelo incumprimento dessa obrigação[339].

---

[339] BERNARDO REIS considera que a omissão de revelação não pode ser invocada pela parte que nomeou o árbitro se esta tiver conhecimento prévio dessas circunstâncias, exigindo-se que esse

O DEVER DE REVELAÇÃO

À semelhança do que inicialmente referimos, um árbitro pode omitir determinado facto por não saber que o tinha de revelar ou, simplesmente, por não o querer revelar. Por outras palavras, podem existir muitas situações em que o árbitro tenha omitido essa revelação por se encontrarem na referida *zona cinzenta* e por aquele não ter tido capacidade para antever que para as partes fosse indispensável a revelação daquele facto, mesmo não tendo qualquer relevância para si. É por isso que, também segundo esta perspetiva, urge a necessidade de clarificar as *situações-duvidosas* tanto quanto possível.

Neste sentido, importa referir que tal como se concluiu que o dever de revelação não acarreta a imediata recusa do árbitro, o mesmo raciocínio terá de ser feito nos casos de omissão de revelação. Quer-se com isto dizer que a omissão de revelação, por si só, não implica o afastamento[340] do árbitro do processo[341]: repare-se que o árbitro pode violar o dever de revelação e, não obstante, agir com independência e imparcialidade até tomar a sua decisão. Pode, também, respeitar o dever de revelação, mas não agir adequadamente. Por fim, pode, em tese, não apenas

conhecimento seja superveniente para se dar início ao procedimento de recusa (*vide* «O Estatuto...», pp. 22-23).

[340] Cfr. AGOSTINHO PEREIRA DE MIRANDA, «Dever...», p. 1282; RUTE ALVES, *Ob. cit.*, p. 205.

[341] A este propósito, veja-se o ponto 5 da Parte II das listas da IBA: «*Nondisclosure cannot by itself make na arbitrator partial or lacking independence: only the facts or circumstances that he or she failed to disclose can do so*».

violar seu dever de revelação, como também agir de modo parcial ao longo do procedimento.

Embora se admita, em teoria, que um árbitro pode manter uma postura absolutamente isenta ao longo de todo o processo arbitral sem cumprir o dever de revelação (que é, no fundo, a finalidade prioritária de qualquer árbitro), este raciocínio poderia tornar--se contraproducente na medida em que se correria o risco de as partes criarem infundadas suspeitas sobre o modo como o processo fora conduzido, na hipótese de virem a ter conhecimento de alguma circunstância que, segundo o seu juízo, deveria ter sido previamente revelada. Tal justifica-se porque, como temos vindo a defender ao longo deste trabalho, o dever de revelação é o maior dever deontológico de um árbitro, à semelhança do dever de garantir uma condução independente e imparcial. Porém, este é também um direito essencial reconhecido às partes. Assim, devem ser disponibilizadas às partes todas as informações que se considerem indispensáveis (tendo em consideração os critérios objetivo e subjetivo): não só para o árbitro cumprir um dever a que está sujeito, mas também para que se evitem situações de constantes suspeitas sobre ele, satisfazendo-se por outro lado um direito basilar das partes.

Com efeito, o dever de revelação tem de ser encarado como um meio de controlo da atuação do árbitro e um direito das partes. Para tal, mesmo que um árbitro atue de forma isenta ao longo do processo, se está incumbido de revelar (considerando o seu juízo e/ou

O DEVER DE REVELAÇÃO

entendimento de um árbitro justo, sensato e imparcial), tem de cumprir esse dever. Caso contrário, essa violação pode mesmo vir a fundamentar um pedido de anulação da sentença arbitral porque, inevitavelmente, seria criada uma situação de suspeição, mesmo que infundada[342] (art. 46.º, n.º 3, al. a), *iv*) da LAV).

Por outro lado, na hipótese de o árbitro não respeitar os princípios da independência e imparcialidade mesmo tendo cumprido o seu dever de revelação, as partes também poderiam vir a alegar a violação de princípios fundamentais do processo arbitral no pedido de anulação da sentença arbitral[343] (art. 46, n.º 3, al. a), *ii*) da LAV)[344], como é o caso do princípio da igualdade e do direito a um processo equitativo[345] (arts. 30.º, n.º 1, al. b), da LAV e 20.º, n.º 4 da CRP)[346].

i. Responsabilidade civil do árbitro

Após a análise da responsabilidade decorrente da atividade jurisdicional exercida pelos árbitros que, como vimos, se assemelha à dos magistrados judiciais,

---

[342] PAULA COSTA E SILVA afirma que a irregularidade da constituição do tribunal arbitral também se concretiza quando os árbitros não sejam «*[...] capazes ou se encontrarem impedidos.*» (*vide* «Anulação...», pp. 931-932). Cfr. BERNARDO REIS, «O Estatuto...», p. 10.
[343] Cfr. LUÍS DE LIMA PINHEIRO, «Recurso...», p. 184.
[344] Cfr. BERNARDO REIS, «O Estatuto...», pp. 45-47.
[345] Cfr. ANTÓNIO HENRIQUES GASPAR, *Ob. cit.*, p. 117.
[346] Cfr. JOÃO LUÍS LOPES DOS REIS, *Ob. cit.*, p. 279.

encontrando-se sujeita ao regime da responsabilidade civil extracontratual do Estado (art. 9.º, n.ºˢ 4 e 5, da LAV e arts. 13.º e 14.º da Lei n.º 67/2007), resta-nos analisar as consequências do incumprimento de obrigações contratuais dos árbitros[347] resultantes da celebração de uma convenção arbitral[348].

Exploraremos agora o incumprimento dos atos não jurisdicionais previstos na LAV[349] como, por exemplo, o dever de o árbitro se manter no processo, salvo as situações especificadas na lei (art. 12.º, n.º 3); de respeitar o princípio da confidencialidade[350] (art. 30.º, n.ºˢ 5, segunda parte, e 6)[351]; de fundamentar as sentenças (42.º, n.º 3); de decidir no prazo previsto na lei ou acordado pelas partes (art. 43.º)[352]. Nesta esteira, com a celebração arbitral passa a existir um contrato[353]

---

[347] Cfr. MANUEL PEREIRA BARROCAS, «A ética...», p. 201.

[348] Cfr. MANUEL PEREIRA BARROCAS, *Manual...*, pp. 364-365.

[349] Cfr. AGOSTINHO PEREIRA DE MIRANDA, «Arbitragem...», p. 117.

[350] ARTUR FLAMÍNIO DA SILVA e ANTÓNIO PEDRO PINTO MONTEIRO reconhecem a confidencialidade como uma das vantagens do processo arbitral (*vide* «Publicidade vs confidencialidade na arbitragem desportiva transnacional», 2016, p. 706 e ss.).

[351] Cfr. FREDERICO GONÇALVES PEREIRA, *Ob. cit.*, p. 170 e ss.; ANTÓNIO SAMPAIO CARAMELO, «Da Condução...», p. 681 e ss. ARTUR FLAMÍNIO DA SILVA e ANTÓNIO PEDRO PINTO MONTEIRO referem que esta não é uma regra absoluta, admitindo exceções (*vide Ob. cit.*, p. 707).

[352] Cfr. MANUEL HENRIQUE MESQUITA, *Ob. cit.*, pp. 1390-1391.

[353] PEDRO ROMANO MARTINEZ considera que não é celebrado um verdadeiro contrato entre os intervenientes no processo. Segundo o autor, não faria sentido ponderar-se, nos casos em que a

entre ambas as partes e o árbitro[354]. É inquestionável, por isso, que os árbitros ficam sujeitos a um conjunto de direitos e obrigações previsto na lei e também moldado pela convenção de arbitragem ou pelos regulamentos institucionais dos vários centros arbitrais: é, portanto, celebrado entre as partes e os árbitros[355] um contrato de árbitro[356]. Por sua vez, no domínio de arbitragem

parte não tenha designado nenhum árbitro, que fosse celebrado um contrato entre a parte e um árbitro nomeado pelo tribunal estadual. Assim, entende que as partes e os árbitros aderem simplesmente à convenção arbitral e ao disposto na lei (*vide* «Análise...», p. 831 e ss.). MÁRIO RAPOSO também defende que o árbitro é investido e não contratado (*vide* «O Estatuto...», p. 535 e ss.). Relativamente à questão da nomeação dos árbitros pelo tribunal estadual, concordamos com a posição de JOÃO LUÍS LOPES DOS REIS quando afirma que «*[...] o juiz age nessa nomeação como um verdadeiro gestor de negócios que a lei prevê que possam ser colocados nas mãos do poder judicial. [...] se as partes tiverem, na convenção ou em escrito posterior, determinado que os árbitros hão-de possuir determinadas qualidades ou qualificações, o juiz está obrigado a escolher o árbitro [...] com as qualidades ou qualificações acordadas pelas partes, sob pena de ocorrer irregularidade na constituição do tribunal arbitral [...]. Não deixa, o árbitro nomeado pelo juiz em substituição de uma das partes, de ser depositário da confiança da parte [...] confiança presumida.*» (*vide Ob. cit.*, pp. 283-284).

[354] Cfr. GARY BORN, *International Commercial...*, p. 1975; ANTÓNIO MENEZES CORDEIRO, *Ob. cit.*, pp. 128-129.

[355] Contrariamente, THOMAS CLAY admite que o contrato se estabelece entre cada parte e o respetivo árbitro nomeado (*vide Ob. cit.*, p. 503 e ss.). Em concordância, PAULA COSTA E SILVA e NUNO TRIGO DOS REIS, *Ob. cit.*, p. 985.

[356] Cfr., entre outros, LUÍS DE LIMA PINHEIRO, *Arbitragem...*, pp. 129-130; FREDERICO GONÇALVES PEREIRA, *Ob. cit.*, p. 177 e ss.

O DEVER DE REVELAÇÃO COMO PROBLEMA DE INDEPENDÊNCIA [...]

institucionalizada[357], são naturalmente celebrados negócios jurídicos entre cada árbitro e cada parte com o centro arbitral (apesar de a função dos centros ser meramente colaborativa), para além dos contratos celebrados entre os árbitros e as partes[358].

Consequentemente, a responsabilidade dos árbitros pelo incumprimento das suas obrigações contratuais deverá recair no âmbito do regime de responsabilidade civil contratual (art. 798.º do CC)[359], presumindo-se a respetiva culpa (art. 799.º do CC)[360].

Ainda quanto a este assunto tem-se debatido a qualificação jurídica do contrato de árbitro, nomeadamente se estamos perante um contrato de prestação de serviço (arts. 1154.º-1156.º do CC) ou um contrato de mandato (arts. 1157.º-1160.º do CC). Consideramos, desde logo, impensável ponderar-se a modalidade

[357] Cfr. MANUEL PEREIRA BARROCAS, Manual..., p. 362. ARMINDO RIBEIRO MENDES admite que «As instituições [...] contraem obrigações perante as partes e os árbitros, e são titulares de direitos face às partes e aos árbitros. [...]» (vide «Contrato entre as Partes e o Centro de Arbitragem», 2017, pp. 691-695).

[358] MANUEL PEREIRA BARROCAS relembra-nos, contudo, que a relação que se estabelece, seja em arbitragem ad-hoc ou institucionalizada, é idêntica (vide Manual..., p. 319).

[359] Cfr., por todos, LUÍS DE LIMA PINHEIRO, Arbitragem..., p. 131; MÁRIO RAPOSO, «O Estatuto...», pp. 538-545; MANUEL HENRIQUE MESQUITA, Ob. cit., pp. 1387-1388; BERNARDO REIS, «O Estatuto...», p. 51; ANTÓNIO SAMPAIO CARAMELO, «O Estatuto...», p. 35.

[360] Cfr. MANUEL PEREIRA BARROCAS, Manual..., p. 356; FREDERICO GONÇALVES PEREIRA, Ob. cit., p. 178; MARIANA FRANÇA GOUVEIA, Curso..., p. 201.

O DEVER DE REVELAÇÃO

contratual do mandato por não se adequar à realidade arbitral, pelo simples facto de os árbitros estarem sujeitos a deveres deontológicos que colidem diretamente com o tipo de relação que um contrato de mandato pressupõe (art. 1161.º, als. a) e b) do CC). Por outro lado, também não nos parece fazer sentido subsumir a relação contratual existente entre os intervenientes processuais a nenhuma outra modalidade contratual, visto que nem a natureza jurídica da arbitragem, nem tão pouco a responsabilidade civil dos árbitros, reveste um cariz puramente contratual[361].

Posto isto, no que diz respeito ao cumprimento dos deveres deontológicos, «*[...] a falta de revelação não está abrangida pela regra da imunidade jurisdicional do árbitro [...]*»[362]. Assim, as obrigações contratuais do árbitro também devem abranger a violação dos seus deveres éticos[363], nomeadamente o dever de revelação, uma vez que se exige que o árbitro cumpra tanto as suas obrigações processuais[364] como deontológicas[365].

---

[361] No mesmo sentido, MÁRIO RAPOSO, «Os Árbitros», p. 898; PEDRO ROMANO MARTINEZ, «Análise...», p. 831. Contrariamente, ANTÓNIO MENEZES CORDEIRO considera tratar-se de um contrato de prestação de serviços (*vide Ob. cit.,* p. 129).

[362] Cfr. AGOSTINHO PEREIRA DE MIRANDA, «Dever...», p. 1283.

[363] Em sentido contrário, PIERRE TERCIER, *Ob. cit.,* p. 45.

[364] Cfr. FRANCISCO CORTEZ, *Ob. cit.,* p. 575; LUÍS DE LIMA PINHEIRO, *Arbitragem...,* p. 129.

[365] AGOSTINHO PEREIRA DE MIRANDA relembra-nos que «*[...] a doutrina internacional tem, todavia, suscitado a questão de saber como garantir [...] a inclusão desses deveres éticos no respetivo contrato do árbitro [...]*» (*vide* «O Estatuto...», p. 63).

O DEVER DE REVELAÇÃO COMO PROBLEMA DE INDEPENDÊNCIA [...]

Nesta senda, qualquer árbitro tem de responder civilmente pelo incumprimento de um ato não jurisdicional a que esteja sujeito em sede de responsabilidade contratual[366]. Como referido anteriormente, a imunidade dos árbitros versa unicamente sobre as decisões que proferiram (art. 216.º, n.º 2 da CRP).

ii. Mecanismos de reação das partes previstos na LAV

Sendo as sentenças arbitrais verdadeiras «*decisões jurídicas*»[367], as partes que pretendam a sua impugnação devem fazê-lo ao abrigo do art. 46.º, n.ºs 1 e 5, sob a forma de um pedido de anulação da sentença arbitral, dispondo de sessenta dias para o fazer (art. 46.º, n.º 6)[368]. Nada obstante, estas podem convencionar um meio diferente de impugnação, mormente o recurso, nos termos do art. 39.º, n.º 4[369]. Todavia, a regra é a irrecorribilidade das decisões (art. 59.º, n.º 1, al. e))[370].

[366] Cfr. FREDERICO GONÇALVES PEREIRA, *Ob. cit.*, p. 178; ANTÓNIO MENEZES CORDEIRO, *Ob. cit.*, p. 137.
[367] Cfr. ANTÓNIO MENEZES CORDEIRO, *Ob. cit.*, p. 426.
[368] Cfr. MARIANA FRANÇA GOUVEIA, *Curso...*, p. 315.
[369] Sobre o pedido de anulação da sentença arbitral leia-se, entre outros, FRANCISCO CORTEZ, *Ob. cit.*, p. 545; PAULA COSTA E SILVA, «Anulação...», p. 893 e ss.; PEDRO PINA, «Arbitragem...», p. 138; ANTÓNIO SAMPAIO CARAMELO, «Anulação...», p. 156.
[370] Cfr. ANTÓNIO MENEZES CORDEIRO, *Ob. cit.*, pp. 435-436.

O DEVER DE REVELAÇÃO

Deste modo, no que diz respeito à impugnação das decisões arbitrais como um último mecanismo para a parte fazer valer a sua pretensão, a lei dispõe objetivamente de uma «[...] *dupla via de impugnação [...]*»[371]: o pedido de anulação da sentença e o recurso (art. 46.º, n.º 1). Ademais, a par desses meios de reação, qualquer uma das partes pode opor-se à execução da sentença[372] desde que tenha apresentado o pedido de anulação no prazo previsto (art. 48.º, n.º 1), caso contrário esse direito também prescreve[373], segundo o n.º 2 do mesmo artigo.

Consequentemente, sendo o dever de revelação uma obrigação contratual que o árbitro assume ao longo de todo o processo, entendemos que a omissão de revelação deve ser um fundamento válido para se proceder à anulação da sentença mediante a invocação do argumento da *constituição irregular do tribunal arbitral*[374] (art. 46.º, n.º 3, al. a), *iv*))[375]. Tal justifica-se porque, caso o facto omisso tivesse sido revelado, o árbitro que violou esse dever deixaria, provavelmente, de integrar o tribunal arbitral, incumprindo-se o contrato celebrado pelas partes e pelos árbitros uma vez

---

[371] Cfr. LUÍS DE LIMA PINHEIRO, «Recurso...», p. 181.

[372] ANTÓNIO MENEZES CORDEIRO refere que *«O princípio de um ato jurídico, ainda não executado, pode ser anulado mesmo depois do prazo [...] pertence ao acervo nuclear do nosso Direito civil: 287.º/2 [...] o interessado pode só se aperceber da anulabilidade, aquando da execução.» (vide Ob. cit., p. 471).*

[373] Cfr. LUÍS DE LIMA PINHEIRO, *Arbitragem...*, p. 167.

[374] Cfr. MIGUEL GALVÃO TELES, *Ob. cit.*, pp. 280-281.

[375] Cfr. MARIANA FRANÇA GOUVEIA, *Curso...*, p. 197.

O DEVER DE REVELAÇÃO COMO PROBLEMA DE INDEPENDÊNCIA [...]

que aquelas não teriam uma participação equitativa na constituição do tribunal, acabando por se infringir – talvez de forma significativa para a resolução do litígio – as garantias mínimas processuais, nomeadamente o princípio da igualdade de armas[376] (arts. 30.º, n.º 1, al. b), 46.º, n.º 3, al. a), *ii*), ambos da LAV e 20.º, n.º 4 da CRP)[377].

Contudo, quando as partes se deparem com uma situação de omissão da qual só tenham tido conhecimento posteriormente à prolação da sentença arbitral e em que já tenha decorrido o curto prazo para o pedido de anulação, parece-nos que ficam, à partida, sem meios de reação, visto que as hipóteses de impugnarem a sentença deixam de ser possíveis (art. 46.º, n.º 1), pelo que a reação por via da oposição à execução da sentença, com base nos fundamentos previstos no art. 46.º, n.º 3, al. a), também deixa de poder ser invocada.

No seguimento, ter-se-á de pensar na hipótese de a parte reagir através da oposição à execução da sentença invocando a violação da *ordem pública internacional do Estado*[378], um fundamento de conhecimento

---

[376] Cfr. LUÍS DE LIMA PINHEIRO, *Arbitragem...*, p. 169; MARIANA FRANÇA GOUVEIA, *Curso...*, p. 234; ANTÓNIO HENRIQUES GASPAR, *Ob. cit.*, p. 117; KARL-HEINZ BOCKSTIEGEL, *et. al.*, *Ob. cit.*, p. 244; ARMINDO RIBEIRO MENDES, «Os Tribunais...», p. 58.

[377] ANTÓNIO MENEZES CORDEIRO considera que devem ser tidos em conta os fundamentos que tenham um peso significativo na decisão do caso (*vide Ob. cit.*, p. 441).

[378] Nas palavras de ANTÓNIO PEDRO PINTO MONTEIRO, trata-se de um conjunto de normas e princípios resistentes à vontade e autonomia do indivíduo consagrados na CRP (*vide* «Da Ordem...»,

O DEVER DE REVELAÇÃO

oficioso que pode ser alegado mesmo já tendo decorrido o prazo de anulação (arts. 46.º, n.º 3, al. b), *ii*) e 48.º, n.º 3). A ordem pública do Estado inclui na sua esfera os princípios basilares do direito português[379], pelo que se consubstancia com «*[...] as normas jurídicas de direito positivo que integrem e protegem os valores fundamentais de ordem ética [...]*»[380]. Pese embora este seja um princípio que só pode ser alegado a título excecional, sob pena de se cair num reexame banal[381] do mérito pelos tribunais estaduais[382], o incumprimento dos princípios orientadores do processo arbitral pode efetivamente determinar o desrespeito pelos valores da ordem pública[383]. Para o efeito, quando estejamos perante a violação de um princípio basilar da ordem pública, tem de ser feita uma avaliação a fim de se verificar se a correta aplicação das normas resultaria numa decisão diferente[384] e, se assim se justificar, invocar a anulação da sentença (art. 46.º, n.ºs 9 e 10)[385].

pp. 597-599). Sobre a diferença da ordem pública interna e internacional, leia-se a p. 613 e ss. do mesmo artigo). ANTÓNIO MENEZES CORDEIRO, *Ob. cit.*, pp. 444-445.

[379] Cfr. MARIANA FRANÇA GOUVEIA, *Curso...*, pp. 311-315.

[380] Cfr. MANUEL PEREIRA BARROCAS, «A Ordem...», p. 40.

[381] Cfr. ANTÓNIO SAMPAIO CARAMELO, «Anulação...», pp. 155-156.

[382] Cfr. MÁRIO RAPOSO, «Os Árbitros», p. 908.

[383] Leia-se, por todos, PAULA COSTA E SILVA, «Anulação...», pp. 944-945; ANTÓNIO PEDRO PINTO MONTEIRO, «Da Ordem...», pp. 616-618 e 631; MANUEL PEREIRA BARROCAS, «A Ordem...», pp. 35-36.

[384] Cfr. MARIANA FRANÇA GOUVEIA, *Curso...*, pp. 313-314.

[385] A este respeito veja-se, muito resumidamente, uma recente e polémica decisão do Superior Court of Justice of Brazil, de 19 de abril

O DEVER DE REVELAÇÃO COMO PROBLEMA DE INDEPENDÊNCIA [...]

Parece-nos, por isso, que o juiz deve atender se houve uma ofensa objetiva a um princípio fundamental do Estado e só depois averiguar se a solução seria

de 2017, que opõe *Abengoa* contra *Ometto*. A presente decisão analisa um pedido de homologação de duas sentenças arbitrais estrangeiras proferidas em 2011, nos Estados Unidos da América, ao abrigo do ICC, onde foi posteriormente alegada a ofensa ao princípio da ordem pública devido à falta de independência e imparcialidade do árbitro--presidente. Tendo sido proferida uma sentença desfavorável a *Ometto*, este recorreu à justiça de Nova Iorque argumentando que o árbitro presidente, sócio de um grande escritório de advogados americano que tinha representado as empresas requerentes em diversas causas, não informou que o seu escritório havia recebido $6.500.000 da *Abengoa*, uma das partes no processo (repare-se que, quanto a este ponto, não é discutível que seria imperativa a revelação deste facto à outra parte, como dita, por exemplo, o ponto 1.4 das listas da IBA), além de ter invocado outros argumentos. No seguimento dessas suspeitas, alegou-se a violação da ordem pública, mas o caso foi atenuando pela ausência de provas e manteve-se a sentença arbitral. Em virtude do sucedido, as requerentes solicitaram ao STJ do Brasil a homologação das sentenças arbitrais estrangeiras, mas o STJ argumentou que «*a imparcialidade do julgador é matéria de ordem pública, que está sujeita à análise, pelo STJ [...] ainda que essa questão já tenha sido tratada no país de origem.*» Decidiram, assim, que os factos da parcialidade do árbitro, bem como a omissão de revelação, representavam uma ofensa aos valores de ordem pública, de acordo com a lei de arbitragem brasileira e com a CNI (art. V, n.º 2, al. b)). Claro está, para que se possa afirmar que existe uma eventual incompatibilidade com a ordem pública que venha a impedir a homologação de uma sentença estrangeira, a violação desse princípio tem de ser flagrante, sendo que essa análise deve ser feita casuisticamente e tendo em consideração a legislação de cada país. Deste modo, bastou a omissão de revelação por parte do árbitro conjugada com a existência de um facto relevante (dadas as ligações existentes entre o escritório de advocacia do árbitro e o grupo empresarial da parte requerente da

O DEVER DE REVELAÇÃO

diferente se não tivesse havido qualquer violação[386]. Se assim for, deve ser rejeitada a execução da sentença, nos termos dos arts. 48.º, n.º 3 e 54.º da LAV, a par dos arts. 726.º, n.º 2, al. d) e 734.º do CPC.

Consideramos que um árbitro parcial compromete seriamente a justiça arbitral, sendo incapaz de proferir uma sentença válida[387]. Portanto, impossibilitar uma parte de se opor à execução de uma sentença que poderá violar de forma direta o seu direito, seria negar-lhe diretamente o acesso ao direito e à tutela jurisdicional efetiva (art. 20.º da CRP)[388], sendo portanto inconcebível a valoração de «*[...] normas ou princípios absolutamente inderrogáveis [...] sejam violados por sentenças proferidas em arbitragens [...]*»[389].

Nestes termos, a invocação da ofensa à ordem pública internacional é uma solução que visa equilibrar, por um lado, a falta de meios perante

homologação), para se negar a homologação da sentença no Brasil e não se produzir os respetivos efeitos da sentença arbitral. Conclui-se, assim, que os princípios da conduta do árbitro devem ser valorados como pressupostos processuais para se aferir a validade de qualquer processo, sob pena de a credibilidade da justiça sair seriamente abalada.

[386] Cfr. ANTÓNIO SAMPAIO CARAMELO, «Anulação...», pp. 192-193.

[387] Cfr. SELMA LEMES, *Ob. cit.*, p. 56.

[388] Nas palavras de MIGUEL GALVÃO TELES «*[...] num prazo curtíssimo como é o do pedido de anulação [...] faltando prévia indicação de fundamento de suspeição, praticamente só se tem como viável o facto de a própria sentença revelar parcialidade [...]*». A contrario, a omissão pode levantar problemas mais graves porque as partes não têm conhecimento, à data da prolação da sentença, que o árbitro não revelou um facto que poderia ser determinante no desfecho do processo (*vide Ob. cit.*, p. 282).

[389] Cfr. ANTÓNIO SAMPAIO CARAMELO, «Anulação...», p. 163.

O DEVER DE REVELAÇÃO COMO PROBLEMA DE INDEPENDÊNCIA [...]

a prescrição do prazo para se requerer anulação da sentença, e garantir, por outro, que não possam ser valoradas decisões que ponham em causa os princípios fundamentais do nosso ordenamento jurídico[390]. Deste modo, «[...] *o juiz deve recusar dar o selo da autoridade do Estado a decisões que contrariem dados essenciais do sistema jurídico a cuja sombra elas se pretendem acolher*»[391].

Todavia, considerando que a LAV adotou o termo de *ordem pública internacional*, deve ser feita uma interpretação deste conceito como *ordem pública internacional-interna* dotada de um «[...] *conteúdo próprio [...]*»[392]. Se assim não fosse, voltaríamos ao problema da falta de meios de reação das partes perante as situações acima elencadas[393].

---

[390] Cfr. MARIANA FRANÇA GOUVEIA, *Curso...*, p. 315.

[391] Cfr. ANTÓNIO MENEZES CORDEIRO, *Ob. cit.*, p. 472.

[392] Cfr. ANTÓNIO MENEZES CORDEIRO, *Ob. cit.*, p. 453.

[393] ANTÓNIO PEDRO PINTO MONTEIRO tece duras críticas quanto ao conceito adotado na LAV. Para o autor, o facto de haver uma menção expressa da ordem pública internacional e não interna, sendo aquele um conceito mais restrito do que este, pode funcionar como uma válvula de escape para as partes, nomeadamente pelo facto de «[...] *constituindo a ordem pública um limite à autonomia das partes, devidamente fiscalizada pelo tribunal judicial, poderá tal limite ser [...] atenuado através do recurso ao tribunal arbitral [...] uma vez que a sentença de um tribunal arbitral apenas poderá ser anulada caso o seu conteúdo ofenda os princípios da ordem pública internacional.*», deixando-as praticamente sem meios de reação (a não ser que tenham acordado a recorribilidade da decisão). Por isto, o autor entende que deve ser feita uma interpretação extensiva deste conceito, incluindo-se não só a ofensa à ordem pública internacional, como também a interna (*vide* «Da Ordem...», pp. 654-656).

Por último, e muito abreviadamente, imaginando ainda uma situação em que a parte só tenha conhecimento do facto omitido depois de decorridos quaisquer prazos para se opor à execução da sentença, a solução parece ser só uma: sendo a prolação da sentença, ainda que arbitral, o expoente máximo de um ato jurisdicional, ter-se-ia de se propor uma ação de responsabilidade civil extracontratual contra o Estado[394], ao abrigo da mencionada Lei n.º 67/2007, pois só assim as partes lesadas conseguiriam ser ressarcidas pelos danos decorrentes da decisão proferida pelo árbitro incumpridor[395].

---

[394] Cfr. MARIANA FRANÇA GOUVEIA, *Curso...*, p. 200.

[395] Muito brevemente, ANTÓNIO MENEZES CORDEIRO esclarece-nos que a responsabilidade do árbitro por erros judiciários *«[...] é extracontratual, à semelhança da dos juízes.»*. Ademais, o autor acrescenta que se podem distinguir os erros manifestamente inaceitáveis na decisão e os erros procedimentais graves, referindo que estas situações devem recair nos arts. 13.º e 14.º da citada Lei da Responsabilidade Civil Extracontratual do Estado (*vide Ob. cit.,* p. 138).

CAPÍTULO IV
Reflexões finais

Partimos para esta reflexão com um conjunto de questões e terminamos não com respostas, mas com versões melhoradas das mesmas, conscientes de que o estatuto deontológico do árbitro é um assunto extremamente complexo – uma vez que envolve um tratamento concreto e diferenciado daquilo que constitui o plano jurídico e ético –, onde as respostas nunca poderão ser totalmente conclusivas.

O nosso ponto de partida alicerçou-se na função jurisdicional que atualmente é reconhecida, sem reservas, à arbitragem, estando o exercício da administração da justiça desempenhado pelos tribunais arbitrais e, consequentemente, pelos árbitros, consagrado na CRP, nos arts. 202.º e 209.º, n.º 2. Nesta esteira, é indiscutível que os árbitros, embora não exerçam as funções públicas de um magistrado judicial, também estejam incumbidos da função de

O DEVER DE REVELAÇÃO COMO PROBLEMA DE INDEPENDÊNCIA [...]

julgar, proferindo sentenças jurídicas (art. 42.º da LAV)[396].

Tem-se vindo a quebrar, assim, a ideia de *monopólio estadual*, reconhecendo-se os tribunais arbitrais como uma jurisdição paralela à estadual (apesar de esta última exercer funções de controlo e cooperação sob os árbitros e respetivos tribunais arbitrais), pois só assim se entende que o Estado legitime o aparecimento de *instrumentos privados* que participem, paralelamente, na administração da justiça. Todavia, entendemos que não deve prevalecer uma total equiparação entre as duas jurisdições.

Como contraponto da admissão dos árbitros como *julgadores privados*, é-lhes exigido que conduzam os processos arbitrais de forma absolutamente independente e imparcial. Quer-se com isto dizer que se impõe ao árbitro, como corolário do princípio da independência, que decida livre de quaisquer pressões e constrangimentos, sem cedências pessoais ou interferências de terceiros. Para além disso, o árbitro não pode favorecer nenhuma das partes nem deve identificar-se com a causa ali em discussão, devendo permanecer absolutamente indiferente quanto ao resultado do litígio durante todo o processo arbitral.

Nesta senda, apesar de os magistrados judiciais e os árbitros serem figuras distintas, ambos estão sujeitos a deveres deontológicos rigorosos inerentes

[396] Cfr. MARIANA FRANÇA GOUVEIA, *Curso...*, p. 120.

à função jurisdicional que exercem. Se, por hipótese, o árbitro violar estes ou outros deveres deontológicos (art. 9.º, n.º 3 da LAV), é o «*[...] consentimento na arbitragem que está viciado*»[397], devendo o árbitro responder civilmente.

Ao longo da presente investigação também refletimos sobre a questão da compatibilização destes princípios com o reconhecimento da administração da justiça desempenhada pelos árbitros num contexto em que se possibilita, por exemplo, que o árbitro tenha previamente desempenhado funções como advogado de uma das partes noutros processos ou, por outro lado, se permita que cada uma das partes nomeie um árbitro. Aliás, foi neste contexto que surgiu o objeto do nosso trabalho: o *dever de revelação* (art. 13.º da LAV).

Consequentemente, o *disclosure* é o principal meio de controlo da conduta dos árbitros, uma vez que impõe que estes revelem quaisquer circunstâncias que possam comprometer a sua independência e imparcialidade. Assim, o árbitro deve revelar todos os factos que considere, segundo o seu próprio juízo, que são aptos a pôr em causa a sua isenção. Paralelamente, também se exige que o árbitro avalie, de acordo com o que seria a perspetiva de um terceiro imparcial (o equivalente, por exemplo, à figura do «*bom pai de família*»), se devem ser divulgados determinados factos que possam criar fundadas dúvidas às partes.

---

[397] Cfr. PIERRE TERCIER, *Ob. cit.*, p. 52.

O DEVER DE REVELAÇÃO COMO PROBLEMA DE INDEPENDÊNCIA [...]

Posto isto, o primeiro grande problema deste regime prende-se com a sua falta de precisão: a redação deste dever mostra-se pouco concretizadora, não sendo explicitado que tipo de circunstâncias pode, efetivamente, suscitar fundadas dúvidas às partes, nomeadamente quando estejamos perante a *zona cinzenta de factos* (ou seja, aqueles que não exigem, de forma óbvia, a sua revelação). Para além disso, não existem quaisquer critérios que possam ser adotados pelos árbitros, auxiliando-os a desmistificar esta obrigação.

Para o efeito, e atendendo ao facto de as disposições legais existentes não serem totalmente esclarecedoras, tem-se tornado recorrente o recurso às listas da IBA, apesar de este ser um conjunto de regras que se nada for convencionado em sentido contrário não tem qualquer valor legislativo.

Ainda assim, o facto de a lei ser pouco exaustiva na tipificação desses factos levanta, desde logo, dois problemas: inicialmente, tal situação pode provocar um excesso de revelação por parte dos árbitros, divulgando-se todos os factos sem critério algum, correndo-se o risco de se afetar a economia processual. Em contrapartida, pode ser recorrentemente suscitada a substituição de árbitros como meros mecanismos dilatórios pelas partes, fazendo-se com que o árbitro nomeado pela outra parte seja afastado do processo.

Considerando que o dever de revelação se fundamenta, principalmente, na proximidade do árbitro com as partes e/ou respetivos representantes legais, na existência de interesses económicos ou prévios contactos que tenham tido antes da disputa, entre outras circunstâncias (nomeadamente as que forem acordadas pelas partes), deve-se ter especial atenção às situações que envolvam (ou tenham envolvido), por exemplo, relações íntimas ou um elevado grau de proximidade entre os intervenientes no processo, bem como às relações profissionais e aos prévios contactos mantidos entre aqueles ou com o objeto ali em discussão (veja-se o caso de árbitro ter expressado alguma posição relativamente ao litígio em questão ou a algumas das partes; a existência de negócios jurídicos celebrados com uma das partes ou com os respetivos advogados; etc).

Todavia, é imperativo que quando um árbitro considere, segundo o seu próprio juízo, que não se encontra em condições de agir com total independência e imparcialidade, deva renunciar a essa função de imediato. Paralelamente, também se exige que o árbitro investigue possíveis conflitos de interesses ao longo de todo o processo, devendo revelar de imediato algum facto caso as circunstâncias sejam aptas – tendo por base a sua perspetiva e/ou a perspetiva das partes – a suscitar dúvidas relativamente ao modo como vai conduzir o processo, evitando que aquelas criem desconfianças sobre si e iniciem pedidos de recusa baseados em meras suspeitas[398].

---

[398] Cfr. AGOSTINHO PEREIRA DE MIRANDA, «O Estatuto...», p. 69.

O DEVER DE REVELAÇÃO COMO PROBLEMA DE INDEPENDÊNCIA [...]

Cabe assim às partes, aquando da revelação do árbitro e após fazerem uma avaliação dos factos revelados, decidirem se tencionam pedir o afastamento do árbitro (art. 14.º da LAV). Contudo, como temos vindo a referir ao longo deste trabalho, a revelação de um facto não implica automaticamente a recusa do árbitro, pois essa é uma decisão que deve ser inteiramente tomada pelas partes depois de cumprido o dever de revelação.

Embora os árbitros estejam sujeitos ao regime da responsabilidade contratual (na hipótese de não cumprirem um dever contratual), este regime não prevê um mecanismo de reação eficaz perante casos de omissão de revelação, por não se assegurar às partes a efetiva proteção em caso de violação do *disclosure*. Para além dos meios de impugnação previstos nos arts. 46.º e 48.º da LAV (que se encontram limitados a um curto prazo de sessenta dias), a parte deve ponderar a invocação da violação da ordem pública (art. 48.º, n.º 3).

Não obstante, caso a parte esgote todas as possibilidades de reação e considerando o Estado como o principal garante do acesso de qualquer cidadão à justiça (art. 20.º da CRP), por um lado, e identificando a arbitragem como um meio de administração de justiça privada (art. 209.º da CRP), por outro, o árbitro deve responder em sede de responsabilidade extracontratual, ao abrigo da Lei n.º 67/2007, sempre que os julgadores – ainda que privados – não colaborem na boa administração da justiça de forma exímia, violando os seus deveres. Aliás, como vimos, encontra-se consagrado no art. 202.º, n.º 2 da CRP, que qualquer tribunal deve assegurar a defesa dos direitos dos cidadãos, não se admitindo de forma alguma qualquer desvio a esta imposição.

Para o efeito, deveriam ser clarificados e tipificados os moldes em que se impõe o *disclosure*, adotando-se um mecanismo que fiscalize e sancione de forma rigorosa a atuação dos árbitros à semelhança do que acontece com os juízes estaduais, reduzindo-se assim as situações de omissão de revelação, caso contrário a credibilidade das decisões proferidas por tribunais arbitrais pode sair diminuída visto que, no domínio da arbitragem, é exclusivamente através do dever de revelação que o controlo do cumprimento dos princípios éticos dos árbitros é feito.

Concluímos reforçando a ideia de que deve ser reponderado seriamente todo o regime do dever de revelação sob pena de se descredibilizar este meio de resolução de litígios, uma vez que só assim conseguiremos encarar a arbitragem com «*[...] integridade e seriedade [...]*»[399] perspetivando-a como uma verdadeira alternativa à justiça estadual.

---

[399] Cfr. MARIANA FRANÇA GOUVEIA, *Curso...*, p. 203.

BIBLIOGRAFIA FINAL

ALMEIDA, CARLOS FERREIRA DE, «Convenção de Arbitragem. Conteúdo e Efeitos», *in I Congresso do Centro de Arbitragem da Câmara de Comércio e Indústria Portuguesa*, Edição Almedina, Coimbra, 2007

ALVES, RUTE, «O Dever de Revelação dos Árbitros em Portugal», *in IX Congresso do Centro de Arbitragem da Câmara de Comércio e Indústria Portuguesa*, Edição Almedina, Coimbra, 2016

ANDRÉS IBÁÑEZ, PERFECTO, «La Independencia Judicial Y Los Derechos Del Juez», *in Los Derechos Fundamentales de los Jueces (Dir. A. Saiz Arnaiz)*, Marcial Pons, Madrid, 2012

ANTUNES, AQUILINO PAULO, «Arbitragem necessária sobre medicamentos e propriedade industrial: duas questões em aberto», *in Arbitragem e Direito Público*, AAFDL Editora, Lisboa, 2015

BARONA VILAR, SILVIA, *et al., Comentarios a la Ley de Arbitraje (Ley 60/2003, de 23 de Diciembre)*, Thomson Reuters, Madrid, 2004

BARROCAS, MANUEL PEREIRA,
— *Manual de Arbitragem*, Edição Almedina, Coimbra, 2010
— *Lei de Arbitragem Comentada*, Edição Almedina, Coimbra, 2013
— «A ética dos árbitros e as suas obrigações legais», *in Revista Internacional de Arbitragem e Conciliação*, Edição Almedina, Coimbra, 2013
— «Poderes do Árbitro. Extensão e Limites», *in Estudos de Direito da Arbitragem em Homenagem a Mário Raposo*, Universidade Católica Editora, Lisboa, 2015

O DEVER DE REVELAÇÃO COMO PROBLEMA DE INDEPENDÊNCIA [...]

— «A razão por que não são aplicáveis à arbitragem nem os princípios nem o regime legal do processo civil», *in ROA*, Vol. III/IV, Ano 75, Lisboa, 2015

BERGER, KLAUS PETER, *Arbitration Interactive: A Case Study for Students and Practitioners*, Peter Lang, Suíça, 2004

BINDER, PETER, *International Commercial Arbitration and Conciliation in UNCITRAL Model Law Jurisdictions*, 3rd Edition, Sweet & Maxwell, Londres, 2010

BLACKABY, NIGEL; HUNTER, MARTIN J.; PARTASIDES, CONSTANTINE; REDFERN, ALAN, *Redfern and Hunter on International Arbitration*, 6th Edition, Kluwer Law International, Oxford, 2015

BOCKSTIEGEL, KARL-HEINZ; KROLL, STEFAN MICHAEL; NACIMIENTO, PATRICIA, *Arbitration in Germany – The Model Law in Practice*, 2nd Edition, Kluwer Law International, United States of America, 2015

BORN, GARY B.,

— *International Arbitration and Forum Selection Agreements: Drafting and Enforcing*, 2nd Edition, Kluwer Law International, Austin, 2006

— *International Commercial Arbitration*, 2nd Edition, Kluwer Law International, Austin, 2014

CANOTILHO, JOSÉ JOAQUIM GOMES, *Direito Constitucional e a Teoria da Constituição*, 6.ª Edição, Edição Almedina, Coimbra, 2002

CANOTILHO, J.J GOMES; MOREIRA, VITAL, *Constituição da República Portuguesa anotada*, Vol. II, 4.ª Edição, Coimbra Editora, Coimbra, 2014

CARAMELO, ANTÓNIO SAMPAIO,

— «A Autonomia da Cláusula Compromissória e a Competência da Competência do Tribunal Arbitral», *in ROA*, Ano 68, Lisboa, 2008

— «Anulação da Sentença Arbitral contrária à Ordem Pública perante a nova LAV», *in Estudos em Homenagem a Miguel Galvão Telles*, Vol. II, Edição Almedina, Coimbra, 2012

- «A Competência da Competência e a Autonomia do Tribunal Arbitral», *in ROA*, Ano 73, Lisboa, 2013

BIBLIOGRAFIA FINAL

— *Temas de Direito da Arbitragem*, 1.ª Edição, Coimbra Editora, Coimbra, 2013

— «Da Condução do Processo Arbitral – Comentário aos arts. 30.º a 38.º da Lei da Arbitragem Voluntária», *in ROA*, Ano 73, Lisboa, 2013

— «O Estatuto dos Árbitros e a Constituição do Tribunal na Lei da Arbitragem Voluntária», *in Revista Internacional de Arbitragem e Conciliação*, Edição Almedina, Coimbra, 2013

CARDOSO, ANTÓNIO DE MAGALHÃES; NAZARÉ, SARA,

— «A Arbitragem Necessária – Natureza e Regime: Breves contributos para o desbravar de uma (também ela) necessária discussão», *in Estudos de Direito da Arbitragem em Homenagem a Mário Raposo*, Universidade Católica Editora, Lisboa, 2015

— «A Escolha dos Árbitros pelas Partes», *in VIII Congresso de Arbitragem da Câmara de Comércio e Indústria Portuguesa*, Edição Almedina, Coimbra, 2015

CARDOSO, AUGUSTO LOPES, «Da Deontologia do Árbitro», *in Boletim do Ministério da IVstiça*, N.º 452, Lisboa, 1996

CARMONA, CARLOS ALBERTO, «Em torno do árbitro», *in Revista Internacional de Arbitragem e Conciliação*, Vol. III, Edição Almedina, Coimbra, 2010

CARVALHO, JOANA CAMPOS, «A Conciliação Judicial», 2009 (disponível em: *http://laboratorioral.fd.unl.pt/media/files/A_Concili...pdf*)

CARVALHO, JORGE MORAIS, «O processo deliberativo e a fundamentação da sentença arbitral», *in O Direito*, Vol. IV, Ano 143, Edição Almedina, Coimbra, 2011

CARVALHO, JORGE MORAIS; CARVALHO, JOANA CAMPOS DE; FERREIRA, JOÃO PEDRO PINTO, *Manual de Resolução Alternativa de Litígios de Consumo*, Edição Almedina, Coimbra, 2017

CASANOVA, NUNO SALAZAR, «Reflexões Práticas sobre a Ética na Arbitragem. Uma Introdução ao Tema», *in VI Congresso do Centro de Arbitragem da Câmara de Comércio e Indústria Portuguesa*, Edição Almedina, Coimbra, 2013

CHUMBINHO, JOÃO PAULO DA CUNHA RENDEIRO, *A Constituição e a Independência dos Tribunais*, Quid Juris, Lisboa, 2009

O DEVER DE REVELAÇÃO COMO PROBLEMA DE INDEPENDÊNCIA [...]

CLAY, THOMAS, *L'arbitre*, Dalloz, Paris, 2001

CORDEIRO, ANTÓNIO MENEZES, *Tratado da Arbitragem*, Edição Almedina, Coimbra, 2015

CORTEZ, FRANCISCO, «A Arbitragem Voluntária em Portugal: Dos "ricos homens" aos tribunais privados», *in O Direito*, Vol. IV, Ano 124.º, Lisboa, 1992

FRAGA, CARLOS ALBERTO CONDE DA SILVA,

— *Subsídios para a Independência dos Juízes – O Caso Português*, Edições Cosmos, Lisboa, 2000

— *Sobre a Independência dos Juízes e Magistrados*, Vislis Editores, Lisboa, 2003

FREITAS, JOSÉ LEBRE DE,

— «Algumas implicações da natureza da convenção de arbitragem», *in Estudos em Homenagem à Professora Doutora Isabel de Magalhães Collaço*, Edição Almedina, Coimbra, 2002

— «O princípio do contraditório na nomeação de árbitro pelo presidente do tribunal da relação», *in Revista Internacional de Arbitragem*, N.º 4, Edição Almedina, Coimbra, 2011

GASPAR, ANTÓNIO HENRIQUES, «Tribunais Arbitrais e Tribunais Estaduais», *in VIII Congresso de Arbitragem da Câmara de Comércio e Indústria Portuguesa*, Edição Almedina, Coimbra, 2015

GERALDES, ANTÓNIO SANTOS ABRANTES, «Assistência e Cooperação dos Tribunais Judiciais aos Tribunais Arbitrais, Em Especial na Produção de Prova», *in VIII Congresso de Arbitragem da Câmara de Comércio e Indústria Portuguesa*, Edição Almedina, Coimbra, 2015

GONÇALVES, PEDRO, *Entidades Privadas com Poderes Públicos*, Edição Almedina, Coimbra, 2005

GONZÁLEZ MARTÍNEZ, PEDRO, *El nuevo régimen del arbitraje*, 1.ª Edição, Editorial Bosch, Barcelona, 2011

GOUVEIA, MARIANA FRANÇA,

— «O Dever de Independência do Árbitro de Parte», *in Revista Themis - Revista da Faculdade de Direito da Universidade Nova de Lisboa*, N.º 16, Edição Almedina, Coimbra, 2009

— *Curso de Resolução Alternativa de Litígios*, 3.ª Edição, Edição Almedina, Coimbra, 2014

HENRIQUES, DUARTE GORJÃO,
— «"Third Party Funding" ou o Financiamento de Litígios por terceiros em Portugal», 2015 (disponível em: *https://www.bch. pt/ROA%20III_IV%202015.pdf*)
— «Portugal e as "IBA Guidelines" sobre Conflitos de Interesses: Desinvestir na virtude?», *in Revista de Direito Comercial*, Lisboa, 2018
HESPANHA, ANTÓNIO MANUEL,
— *O Caleidoscópio do Direito – O Direito e a Justiça nos Dias e no Mundo de Hoje*, Edição Almedina, Coimbra, 2009
HODGES, PAULA, «Chapter II: The Arbitrator and the Arbitration Procedure, The Proliferation of "Soft Laws" in International Arbitration: Time to Draw the Line?», *in Austrian Yearbook on International Arbitration*, Kluwer Law International, 2015
HOUTTE, VAN H., «Le Juge Et L'Arbitre – Le Rôle Du Juge Pendant La Procédure Arbitrale», *in Revue de Droit International Et De Droit compare*, Tome LXX, 70 année, Établissements Émile Bruylant Éditeurs, Bruxelas, 1993
HRNČIŘÍKOVÁ, MILUSE, «The Meaning of Soft-Law in International Commercial Arbitration», *in International and Comparative Law Review*, Vol. 16, N.º 1, Faculty of Law - Palacký University Olomouc, Czech Republic, 2016
JIMÉNEZ ASENSIO, RAFAEL, «Imparcialidad Judicial: Su Proyección sobre los Deberes (Código de Conducta) Y Derechos Fundamentales del Juez», *in Los Derechos Fundamentales de los Jueces (Dir. A. Saiz Arnaiz)*, Marcial Pons, Madrid, 2012
JÚDICE, JOSÉ MIGUEL,
— «A Constituição do Tribunal Arbitral: Características, Perfis e Poderes dos Árbitros», *in II Congresso do Centro de Arbitragem da Câmara de Comércio e Indústria Portuguesa*, Edição Almedina, Coimbra, 2008
— «Arbitragem e Mediação: Separados à Nascença», *in Revista Portuguesa de Arbitragem e Conciliação*, N.º 1, Edição Almedina, Coimbra, 2008
JÚDICE, JOSÉ MIGUEL; CALADO, DIOGO, «Independência e Imparcialidade do Árbitro: Alguns Aspetos Polêmicos em uma visão Luso-Brasileira», *in Revista Brasileira de Arbitragem*, Ano XIII, N.º 49, Comité Brasileiro de Arbitragem, São Paulo, 2016

KAUFMANN-KOHLER, GABRIELLE, «Soft Law in International Arbitration: Codification and Normativity», *in Journal of International Dispute Settlement*, Vol. 1, N.º 2, Oxford University Press, Oxford, 2010

KLABBERS, JAN, «The Redundancy of Soft Law», *in Nordic Journal of International Law*, Kluwer Law International, Holanda, 1996

LEMES, SELMA FERREIRA, «A independência e a imparcialidade do árbitro e o dever de revelação», *in III Congresso do Centro de Arbitragem da Câmara de Comércio e Indústria Portuguesa*, Edição Almedina, Coimbra, 2010

LIEVENS, J., «Le juge et les arbitres. Le contrôle de la sentence par le juge», *in Revue de Droit International Et De Droit compare*, Établissements Émile Bruylant Éditeurs, Bruxelas, 1993

LIMA, ANTÓNIO PIRES DE, «Independência dos Árbitros e Ética Arbitral», *in Revista Internacional de Arbitragem e Conciliação*, Ano I, Edição Almedina, Coimbra, 2008

LOPES, DULCE; PATRÃO, AFONSO, *Lei da Mediação Comentada*, Edição Almedina, Coimbra, 2014

LOUSA, NUNO FERREIRA, «A Escolha de Árbitros: A mais importante decisão das partes numa arbitragem?», *in V Congresso do Centro de Arbitragem da Câmara de Comércio e Indústria Portuguesa*, Edição Almedina, Coimbra, 2012

MEDEIROS, RUI, «Arbitragem Necessária e Constituição», *in Estudos em Memória do Conselheiro Artur Maurício*, Coimbra Editora, Coimbra, 2014

MENDES, ARMINDO RIBEIRO,
— «Os Tribunais são tribunais, mas não são "Tribunais como os outros"», *in Estudos de Direito da Arbitragem em Homenagem a Mário Raposo*, Universidade Católica Editora, Lisboa, 2015
— «Contrato entre as Partes e o Centro de Arbitragem», *in Revista de Direito Comercial*, Lisboa, 2017

MENDES, SOFIA RIBEIRO, «O novo regime de arbitragem necessária de litígios relativos a medicamentos de referência e genéricos (alguns problemas)», *in Estudos em homenagem ao Prof. Dr. José Lebre de Freitas*, Vol. II, 1.ª Edição, Coimbra Editora, Coimbra, 2013

MESQUITA, MANUEL HENRIQUE, «Arbitragem: Competência do Tribunal arbitral e responsabilidade civil do árbitro», *in*

BIBLIOGRAFIA FINAL

AB VNO AD OMNES - 75 anos de Coimbra Editora, Coimbra Editora, Coimbra, 1998

MIRANDA, AGOSTINHO PEREIRA DE,

— «Arbitragem Voluntária e Deontologia: Considerações Preliminares», *in Revista Internacional de Arbitragem e Conciliação*, Edição Almedina, Coimbra, 2007

— «O Estatuto Deontológico dos Árbitros – Passado, Presente e Futuro», *in III Congresso do Centro de Arbitragem da Câmara de Comércio e Indústria Portuguesa*, Edição Almedina, Coimbra, 2010

— «Dever de Revelação e Direito de Recusa de Árbitro - Considerações a propósito dos arts. 13.º e 14.º da Lei da Arbitragem Voluntária», *in ROA*, Ano 73, Lisboa, 2013

— «Investir em virtude: dever de revelação e processo de recusa do árbitro», *in Revista Internacional de Arbitragem e Conciliação*, Edição Almedina, Coimbra, 2013

MIRANDA, AGOSTINHO PEREIRA DE; UVA, PEDRO SOUSA, «As diretrizes da IBA sobre conflitos de interesses na arbitragem internacional: 10 anos depois», *in Estudos de Direito da Arbitragem em Homenagem a Mário Raposo*, Universidade Católica Editora, Lisboa, 2015

MIRANDA, JORGE; MEDEIROS, RUI, *Constituição Portuguesa Anotada*, Tomo III, Coimbra Editora, Coimbra, 2007

MONTEIRO, ANTÓNIO PEDRO PINTO,

— «Do Recurso de Decisões Arbitrais para o Tribunal Constitucional», *in Revista Themis - Revista da Faculdade de Direito da Universidade Nova de Lisboa*, Ano IX, N.º 16, Edição Almedina, Coimbra, 2009

— «Da ordem pública no processo arbitral», *in Estudos em Homenagem ao Prof. Doutor José Lebre de Freitas*, Vol. II, 1.ª Edição, Coimbra Editora, Coimbra, 2013

— *O Princípio da Igualdade e a Pluralidade de Partes na Arbitragem*, Edição Almedina, Lisboa, 2017

MOURRE, ALEXIS, «About Procedural Soft Law, the IBA Guidelines on Party Representation and the Future of Arbitration», *in The Powers and Duties of an Arbitrator: Liber Amicorum Pierre A. Karrer*, Kluwer Law International, 2017

OLIVEIRA, MÁRIO ESTEVES DE; CARDOSO, ANTÓNIO MAGALHÃES DE; PEREIRA, FREDERICO GONÇALVES;

PINHEIRO, PAULO; OLIVEIRA, RODRIGO ESTEVES DE; BRANCO, SOFIA RIBEIRO; PROENÇA, ANDRÉ; SILVA, ANA LICKFOLD NOVAES E; FRANCO, JOÃO SOARES; LUCAS, MIGUEL JOSÉ; NEVES, JOANA; SOUSA, PIEDADE CASTRO E; *Lei da Arbitragem Voluntária*, Edições Almedina, Coimbra, 2014

OTERO, PAULO, «"Exercício de Poderes Públicos de Autoridade por Entidades Privadas com Funções Administrativas" — Arguição da Dissertação de Doutoramento do Mestre Pedro Gonçalves», 2005 (disponível em: *http://www.pedrocostagoncalves.eu/ PDF/arguicao_prof_paulo_otero.pdf*)

PARK, WILLIAM W., «Soft Law and Transnational Standards in Arbitration: The Challenges of Res Judicata», *in Contemporary Issues in International Arbitration 52*, The 2015 Fordham Papers, A. Rovine, Boston, 2017

PEREIRA, FREDERICO GONÇALVES, «O Estatuto do Árbitro: Algumas Notas», *in V Congresso do Centro de Arbitragem da Câmara de Comércio e Indústria Portuguesa*, Edição Almedina, Coimbra, 2011

PINA, PEDRO, «Arbitragem e Jurisdição», *in Revista Julgar*, N.º 6, Coimbra Editora, Coimbra, 2008

PINHEIRO, LUÍS DE LIMA,

— «Convenção de Arbitragem (Aspetos Internos e Transnacionais)», *in Estudos em Homenagem à Professora Doutora Isabel de Magalhães Collaço*, Edição Almedina, Coimbra, 2002

— *Arbitragem Transnacional - Determinação do Estatuto da Arbitragem*, Edição Almedina, Coimbra, 2005

— «Recurso e Anulação da Decisão Arbitral: Admissibilidade, Fundamentos e Consequências», *in I Congresso do Centro de Arbitragem da Câmara de Comércio e Indústria Portuguesa*, Edição Almedina, Lisboa, 2007

QUEIRÓ, AFONSO RODRIGUES, *Estudos de Direito Administrativo*, Atlântida Editora, Coimbra, 1968

RANGEL, PAULO CASTRO, *Repensar o Poder Judicial – Fundamentos e Fragmentos*, Publicações Universidade Católica, Porto, 2001

RAPOSO, JOÃO, «A Intervenção do Tribunal Judicial na Arbitragem: Nomeação de Árbitros e Produção de Prova», *in I Congresso do Centro de Arbitragem da Câmara de Comércio e Indústria Portuguesa*, Coimbra Editora, Coimbra, 2008

BIBLIOGRAFIA FINAL

RAPOSO, MÁRIO,
— «Imparcialidade dos Árbitros», *in ROA - VI Congresso dos Advogados Portugueses*, 3.ª Secção, Lisboa, 2006
— «O Estatuto dos Árbitros», *in ROA*, Vol. II, Ano 67, Lisboa, 2007
— «Os Árbitros», *in Estudos em Homenagem ao Prof. Doutor José Lebre de Freitas*, Vol. II, 1.ª Edição, Coimbra Editora, Coimbra, 2013

RECHBERGER, WALTER, «Independence And Impartiality Of Arbitrators», *in Estudos em Homenagem ao Prof. Doutor Lebre Freitas*, Vol. II, 1.ª Edição, Coimbra Editora, Coimbra, 2013

REDFERN, ALAN; HUNTER, MARTIN, *Law and Practice Of International Commercial Arbitration*, 4.ª Edição, Sweet & Maxwell, Londres, 2004

REIS, BERNARDO,
— «O Estatuto dos Árbitros - Alguns Aspetos», *in Revista Themis - Revista da Faculdade de Direito da Universidade Nova de Lisboa*, N.º 16, Edição Almedina, Coimbra, 2009
— «Reflexões Práticas sobre a Ética na Arbitragem: Perspetiva de Árbitro», *in VI Congresso do Centro de Arbitragem da Câmara de Comércio e Indústria Portuguesa*, Edição Almedina, Coimbra, 2013

REIS, JOÃO LUÍS LOPES DOS, «Questões de Arbitragem Ah--Hoc», *in ROA*, Vol. I, Ano 58, Lisboa, 1998

ROMANO MARTINEZ, PEDRO
— «Análise do vínculo jurídico do árbitro em arbitragem voluntária *ad hoc*», *in Estudos em Memória do Professor Doutor António Marques dos Santos*, Vol. I, Edição Almedina, Coimbra, 2005
— «Constituição do tribunal arbitral e estatuto do árbitro», *in Revista Internacional de Arbitragem e Conciliação*, Ano V, Edição Almedina, Coimbra, 2012

SANTOS, ANTÓNIO MARQUES DOS, *Direito Internacional Privado - Introdução*, Vol. I, AAFDL Editora, Lisboa, 2000

SAVAGE, EMMANUEL; GAILLARD JOHN, *On International Commercial Arbitration*, Kluwer Law International, London, 1999

SCHERER, MAXI; RICHMAN, LISA M.; GERBAY, REMY, *Arbitrating under the 2014 LCIA Rules: A User's Guide*, Kluwer Law International, London, 2014

SILVA, ARTUR FLAMÍNIO DA,

— «O Novo Regime Jurídico da Resolução de Conflitos Desportivos no Direito Administrativo: sobre a Arbitragem Necessária e a Mediação no Tribunal Arbitral do Desporto», *in Arbitragem e Direito Público*, AAFDL Editora, Lisboa, 2015

— «Revisitando a Constitucionalidade da Arbitragem Necessária em Portugal: Reflexões sobre o Acórdão N.º 123/2015 do Tribunal Constitucional», *in Revista de Arbitragem e Mediação*, Vol. 47, Ano 12, Thomson Reuters, São Paulo, 2015

— *A Resolução de Conflitos Desportivos em Portugal - Entre o Direito Público e o Direito Privado*, Edição Almedina, Coimbra, 2017

SILVA, ARTUR FLAMÍNIO DA; MONTEIRO, ANTÓNIO PEDRO PINTO; «Publicidade vs confidencialidade na arbitragem desportiva transnacional», *in Revista de Direito Civil*, Ano I, N.º 3, Edição Almedina, Coimbra, 2016

SILVA, PAULA COSTA,

— «Anulação e Recursos da Decisão Arbitral», *in ROA*, Vol. III, Ano 52, 1992

— *A Nova Face da Justiça – Os meios extrajudiciais de resolução de controvérsias*, Coimbra Editora, Lisboa, 2009

SILVA, PAULA COSTA E; REIS, NUNO TRIGO DOS, «A natureza do procedimento judicial de nomeação dos árbitros», *in Estudos em Homenagem à Professora Doutora Isabel de Magalhães Collaço*, Edição Almedina, Coimbra, 2002

TELES, MIGUEL GALVÃO,

— «A Independência e Imparcialidade dos Árbitros como Imposição Constitucional», *in Estudos em Homenagem ao Professor Doutor Carlos Ferreira de Almeida*, Edição Almedina, Coimbra, 2011

TERCIER, PIERRE, «A Ética na Arbitragem Jurídica», Edições Piaget, Lisboa, 2012

VENTURA, RAÚL, «Convenção de Arbitragem», *in ROA*, Vol. II, Ano 46, Lisboa, 1986

VICENTE, DÁRIO MOURA,

— *Da Arbitragem Comercial Internacional*, Coimbra Editora, Coimbra, 1990

— «A Manifestação do Consentimento na Convenção de Arbitragem», *in Themis - Revista da Faculdade de Direito da Universidade Nova de Lisboa*, N.º 2, Lisboa, 2002

LISTA DE JURISPRUDÊNCIA FINAL

TRIBUNAL CONSTITUCIONAL
(disponíveis em: *http://www.tribunalconstitucional.pt/tc/acordaos/*)
1. Ac. n.º 230/86, de 12 de setembro de 1986
2. Ac. n.º 52/92, de 14 de março de 1992
3. Ac. n.º 230/2013, de 9 de maio de 2013
4. Ac. n.º 781/2013, de 16 de dezembro de 2013
5. Ac. n.º 123/2015, de 7 de julho de 2015

TRIBUNAL DA RELAÇÃO DE LISBOA
(disponíveis em: *http://www.dgsi.pt/*)
6. Ac. n.º 240/13.2YHLSB.L1-8, de 12 de dezembro de 2013
7. Ac. n.º 1361/14.0YRLSB.L1-1, de 24 de março de 2015
8. Ac. n.º 827/15.9YRLSB-1, de 29 de setembro de 2015
9. Ac. n.º 581/16.7YRLSB.-1, de 13 de setembro de 2016

COUR PERMANENTE D'ARBITRAGE
(disponível em: *http://www.kluwerarbitration.com*)
10. Caso n.º IR-2009/1, de 8 de dezembro de 2009

PARIS COURT OF APPEAL
(disponíveis em: *http://www.kluwerarbitration.com*)
11. Caso n.º 09/28537, de 10 de março de 2011
12. Caso n.º 11-26529, de 12 de abril de 2016

O DEVER DE REVELAÇÃO COMO PROBLEMA DE INDEPENDÊNCIA [...]

SUPERIOR COURT OF JUSTICE OF BRAZIL
(disponível em: *http://www.kluwerarbitration.com*)
13. Caso n.º 9.412, de 19 de abril de 2017

FEDERAL COURT OF JUSTICE OF GERMANY
(disponível em: *http://www.kluwerarbitration.com*)
14. Caso n.º I ZB/16, de 2 de maio de 2017

LA CORTE SUPREMA DE JUSTICIA DE COLOMBIA
(disponível em: *http://www.kluwerarbitration.com*)
15. Caso n.º 16088/JFR/CA, de 28 de julho de 2017

ÍNDICE

Nota prévia. 7

Prefácio. 9

Modo de citar 15

Lista de abreviaturas 19

Resumo. 23

Plano de exposição 27

CAPÍTULO I
A natureza jurídica da arbitragem 35
   1. Considerações iniciais 35
   2. Arbitragem e jurisdição 43
      i. A convenção de arbitragem como reflexo
       da autonomia das partes 45
      ii. A relevância da função jurisdicional
       reconhecida à arbitragem 50

CAPÍTULO II
Os tribunais arbitrais como «*verdadeiros tribunais*». . 55
   1. Os tribunais como órgãos de soberania 55
      i. Os tribunais arbitrais como «*verdadeiros
       tribunais*». 56

O DEVER DE REVELAÇÃO COMO PROBLEMA DE INDEPENDÊNCIA [...]

ii. Principais diferenças entre os tribunais arbitrais e estaduais 59

iii. Tribunais arbitrais e estaduais: relação de rivalidade ou cooperação? 62

2. O árbitro: um julgador tão legítimo quanto um juiz? 68

    i. Princípios constitucionais inerentes à função jurisdicional. 70

    ii. O estatuto do árbitro na LAV 73

3. Breves referências à constituição do tribunal arbitral 84

    i. A definição das regras processuais 85

    ii. A nomeação dos árbitros 86

CAPÍTULO III
O dever de revelação 93

1. O dever de revelação 93

    i. Tempo, modo e forma de revelação. 98

    ii. A previsão do dever de revelação na LAV ... 103

    iii. O processo de recusa do árbitro. 112

2. O papel da *soft-law* na regulação do *disclosure* ... 126

3. A omissão de revelação 140

    i. Responsabilidade civil do árbitro 143

    ii. Mecanismos de reação das partes previstos na LAV. 148

CAPÍTULO IV
Reflexões finais. 157

Bibliografia final. 165

Lista de jurisprudência final 175